财　政　部　规　划　教　材
全国财政职业教育教学指导委员会推荐教材
全国中等职业学校财经类教材

微商创业与微店运营

主　编　黄　威　李　晨
副主编　黄晓蕾　林日银

中国财经出版传媒集团
中国财政经济出版社

图书在版编目（CIP）数据

微商创业与微店运营／黄威，李晨主编．—北京：中国财政经济出版社，2018.1
财政部规划教材　全国财政职业教育教学指导委员会推荐教材　全国中等职业学校财经类教材
ISBN 978－7－5095－7936－7

Ⅰ.①微…　Ⅱ.①黄…②李…　Ⅲ.①网络营销－中等专业学校－教材
Ⅳ.①F713.365.2

中国版本图书馆CIP数据核字（2017）第313497号

责任编辑：王佳欣　　　　责任校对：杨瑞琦
封面设计：构远设计

本书微网站

扫描微网站二维码

获取教学配套资源和内容更新

不断添加中

中国财政经济出版社 出版

URL：http：//www.cfeph.cn

E－mail：cfeph@cfeph.cn

社址：北京市海淀区阜成路甲28号　邮政编码：100142

营销中心电话：88190406　北京财经书店电话：64033436　84041336

北京中兴印刷有限公司印刷　各地新华书店经销

787×1092毫米　16开　8.5印张　200 000字

2018年1月第1版　2018年1月北京第1次印刷

定价：22.00元

ISBN 978－7－5095－7936－7

（图书出现印装问题，本社负责调换）

本社质量投诉电话：010－88190744

打击盗版举报热线：010－88190414、QQ：447268889

编写　说明

本书是财政部规划教材、全国财政职业教育教学指导委员会推荐教材，由财政部教材编审委员会组织编写并审定，作为全国中等职业学校财经类教材使用。

随着“互联网$^{+}$”时代的到来，以微博、微信为代表的移动互联网迅猛崛起，从电脑到手机，从淘宝开店到微电商，时代在变，互联网创业模式也在变，微商创业就是移动互联网时代的新亮点。

互联网改变了传统的经济模式，也改变了人类的生活方式。网上开店就是一种典型的电子商务。由于低成本、高效率、操作简便、易于推广等特性，吸引了越来越多的人加入到网店经营大军中来，为人们参与经济活动、进行创业和就业提供了更为广阔的空间。“再小的个体也能有自己的品牌”，微商创业作为一种新型的商业机会，更适合在校中职学生创业，利用微商进行创业成为移动互联网时代的新亮点。

本课程是中等职业学校（三年制）电子商务专业的一门专业选修课程。课程目标是让学生适应移动互联网时代电子商务的发展趋势，使学生具备基本的微店经营与管理能力，掌握微店和微商城的开设、运营和推广及销售商品的方法与技巧，能够利用手机等移动平台开展创业，为从事网上营销的相关工作拓宽道路，掌握电子商务的未来发展方向——移动互联技术，并为今后学生的职业生涯发展规划奠定基础。

本书的特点是：以培养学生的微商创业能力为宗旨，立足于移动互联网微店运营能力的培养，打破原来以知识为主线的传统课程模式，转变为以业务流程为主线的任务引领型课程模式。本书通过职业中专学生何云亮与他的团队开展的一系列微商创业活动为情境，序化教学任务、整合项目模块，重点讲述了微店和有赞微商城两种创业平台，突出了微店的创设；商品的美化上架；订单管理；物流管理；微店营销和推广技巧；微店的收入管理等技能点的训练，使学生在完成具体项目的过程中构建相关理论知识，并发展其职业能力。

全书共分三个项目八个任务，其中**项目一** 微商创业（微商创业起步、体验微店开设、搭建微店岗位架构三个任务）是导入项目，通过让学生了解微商平台、微店开设流程操作及微店管理中的各种岗位职责，使其基本认识什么是微商创业、微店运营流程及工作内容；**项目二** 微店运营（微店装修与商品上架、销售流程与订单管理、微店营销与推广策略三个任务）是本书的重点章节，主要是让学生掌握店铺美化、商品图片处理、微商城中购物流程以及管理客户订单的有关知识和操作，同时掌握商品营销和店铺推广的各种技巧和方法，以达到吸引消费者眼球、成功促销的目的；**项目三** 微店管理（物流管理与售后服务、微店收入管理两个任务）主要是让学生掌握商品的包装、物流公司的选择与售后跟踪、退换货等，是完成一个完整的微店运营业务流程的重要组成部分，着重培养学生的售后管理能力。本书建议作为选修课程，建议课时数36课时，其中实训课时数24课时。

本书由温州职业中专黄威和李晨担任主编，黄晓蕾和林日银担任副主编。参加编写的有：温州职业中专林日银（任务一、任务四）；陈永伶（任务二）；林鹿（任务三）；程景雪（任务五）；黄晓蕾（任务六）；马伊甸（任务七）；温州市第二职业中等专业学校何群（任务八）。

本书在编写过程中，以温州职业中专“一职猫”学生创业微平台为样本，提供了宝贵的一手资料；得到了温州市教育教学研究院徐克美教授的悉心指导，并对教材提出了很多建设性的意见，在此一并表示衷心的感谢。

本书在编写过程中，吸收了有关书刊、网络等资料，在此一并致以诚挚的谢意。

由于本书主要以微店与有赞微商城为例进行编写，而这两种微商平台是基于商家实时交易规则与交易界面编写的，因此有可能存在所述交易内容与交易界面与最新版本不相一致的情况，本书内容仅为示意，具体内容以微店及有赞微商城的最新版本为主。

本书为用书学校老师提供了实战训练的答案及电子课件，如有需要请以电子邮件的形式向中国财政经济出版社索取（请注明：学校、全书名、版次）E－mail：caijingjiaocai@163. com，或登录如下网址下载：http：//cjjc. cfeph. cn。

由于编写时间仓促，书中不妥和疏漏之处敬请专家和读者不吝赐教和指正。

编　者

2018 年 1 月

目 录

项目一
微商创业

任务一　微商创业起步

【任务要点】

◆ 关键词：微商、微商创业、微店、微商城、SNS

◆ 知识要求：了解什么是微商以及微商创业的要点；了解各种微商平台及其特点

◆ 技能要求：掌握常用微商创业平台的网络入口

任务情境

在人人皆为微商老板、人人皆为微商顾客的电商大时代下，校园里同样涌动着微商创业的风潮。

何云亮是位刚刚步入职高的高一学生，他留意到校园里电商学部的学长学姐们每天都忙忙碌碌，奔波在教室和创业实训室之间，这种快乐充实的生活深深吸引了何云亮。于是刚刚拥有了人生第一部智能手机的他想通过网络去了解什么是移动电子商务，希望自己能尽快融入丰富多彩的职业学习和创业生活中去。

任务分析

了解微商创业主要从认识微商平台入手，认识不同平台的特点和功能，比如有赞微商城、1 号店、微店等。了解各种微商平台，做到心中有数，才能顺利开启微商创业之路。

任务实施

随着移动电子设备的普及和移动市场的不断扩大，便捷的移动设备展现出比 PC 端更活跃的市场活力。何云亮了解到当前移动电子商务结合了电子商务和移动设备两者的优势，正以势不可挡的势头抢占电子商务市场空间，微商创业也迅速壮大，这里孕育着巨大的商机。

作为一名中职生，何云亮希望从微商平台入手，认识不同的微商平台，了解不同微商平台的特点和功能，选择一个合适的平台，开始微商创业之路。

步骤一　了解微商创业

一、微商的概念

微商，英语名称 We business（全民创业）。微商是基于移动互联网的空间，借助社交软件为工具，以人为中心、社交为纽带的新商业。主要以微信、微博、微商城（微店）为载体，以移动智能终端为硬件基础，开展商品及服务，是继电商之后最新兴起的一种网络商业模式。

微商最大的好处在于沉淀用户，将多种渠道所接触的客户汇聚起来，形成一个属于企业自己的大数据库，从而实现个性推荐、精准营销。微商通过各种 SNS（社交网站），将各渠道的客户汇聚进来，便能实现畅通无阻的通道模式，直接消除了中间障碍，从而达到与消费者建立直接接触的目的。

二、微商的分类

微商具有多种分类，主要是以经营方式和商品作为分类依据。一般微商主要按经营方式分为以下几种：

微商城：主要是借助微信公众号、微信朋友圈和微博等媒介推送微店和微商城的商品。交易均通过微店和微商城进行，属于比较有保障的模式。

微分销：主要是一些比较纯粹的单品或者简洁实用的商品，拥有自主品牌，具备快消品属性。该种类型的微商主要以招募代理实现层级铺货，进行分销。多为美容护理方面商品采用。

微连锁：属于 O2O 模式，线上线下结合，多以实体店加盟的形式参与微营销。

微代购：与电商代购大致相同。

三、做好微商的要素

1. 推广：微店运营前期最重要的环节是推广工作，也就是所谓的“圈地为牢”或“鱼塘圈养”。微商推广的做法很简单，就是让更多人来关注，并引流到一个或多个平台，比如微博、微信、QQ 空间、陌陌等。

2. 粉丝：微商要有大量的粉丝（即要有一定数量的关注者），才会有人买单，好比做会议营销，人群是前提。粉丝数量越多、质量越高，销售成交率也就越高，粉丝需要一个过滤机制，这样沉淀的才是真粉丝。

3. 销售货物：是指提供商品、实现商业活动的过程，虽然只是一句话，实际中却需要做好相关一系列工作才能做好销售。微商最重要的是做到高品质，否则，会很快结束生命周期。

四、微商创业要储备的知识

1. 熟悉各类 SNS，如微信、微博、QQ 等平台。微商大部分是建立在移动互联网基础上的，而移动互联网用户大部分都分布在这些社交平台上。微店经营需要拍照、发布商品图片、文字描述、截图、问答咨询等等，因此要熟悉这些社交平台方能开展微商活动。

2. 懂营销。简单地说，就是要会做生意，主要是了解营销策略，如沟通技巧、找精准客户、分享技巧等等。

3. 好人缘。移动互联网时代不仅仅是商业利益的嫁接，移动社交更是做人的关系，以人为中心，走情感营销之路，说到底还是人品经济，要做一个对他人有价值、值得信赖的人。

4. 找到好的商品。高品质的商品是微商成功的关键，是社交属性基本的要求，推广、营销做得再好，商品不行，不能得到用户点“赞”，这样的微商经营不会长久，更不用说回头客或者老顾客介绍新顾客了。

步骤二　认识微商平台

一、认识微店

微店（https：//www. weidian. com/）是帮助卖家通过手机开店的软件，由北京口袋时尚科技有限公司开发，2014 年 1 月 1 日上线，是全球增长速度最快的电子商务公司。图 1 – 1 为微店官网首页。

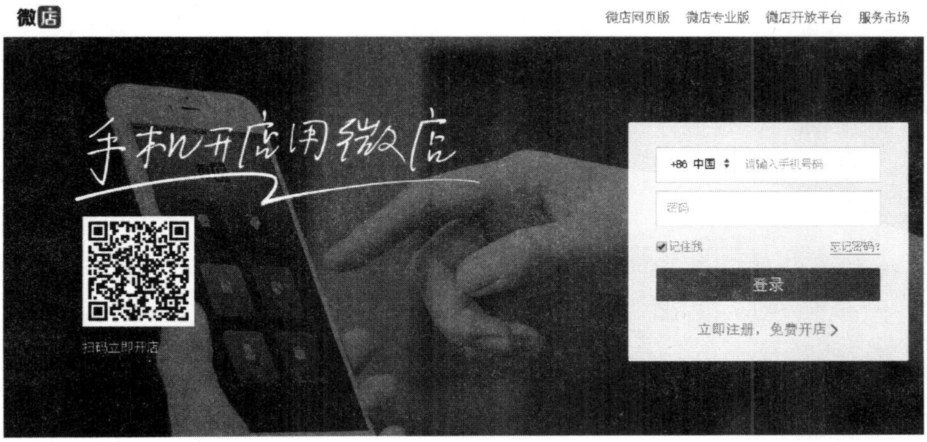

图 1 – 1　微店官网首页

微店作为移动端的新型产物，任何人通过手机号码即可开通自己的店铺，降低了开店的门槛和复杂手续，并通过一键分享到 SNS 平台来宣传自己的店铺促成交易，回款约为 1 ~ 2 个工作日。

微店作为一个微商平台，一头连着供货商，一头连着网民。微店就类似于移动端的淘宝店，主要就是利用社交分享、熟人经济进行营销。简单来说，淘宝就像商场，大而全，但杂而乱；微店就像你喜欢的路边小店，胜在方便，风格自定，各有市场。多一个平台，就多一个流入口，多一个销售渠道。而且微店完全免费，所有交易（除信用卡）不收取任何手续费，成本与风险得以有效控制，是起步阶段卖家的不二选择。

二、认识有赞微商城

有赞微商城（https：//www. youzan. com/）（见图 1 – 2）原名口袋通，为杭州起码科技有限公司旗下的移动电子商务平台，帮助商家在移动端上搭建微信商城，提供店铺、商品、订单、物流、消息和客户的管理模块，同时还提供丰富的营销应用和活动插件。

图 1 – 2　有赞微商城首页

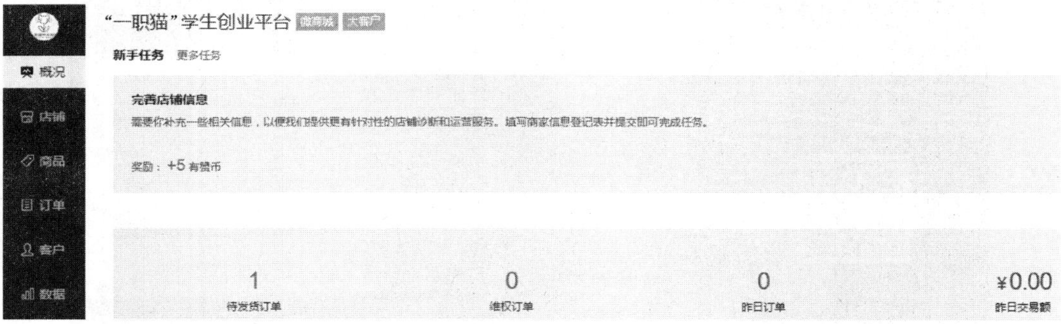

图 1 – 3　有赞微商城商户管理页面

随着微信用户的急剧增长，微信平台已然形成一个极大的微购物商业圈，有赞微商城不仅能帮助商家搭建一个移动端的店铺，同时还能帮助商家管理微信公众号（见图 1 – 3）。有赞微商城唯一的短板在于支付环节，它没有自己的支付平台，只能通过第三方支付平台来完成交易。

有赞微商城不仅能实现和微信公众号的无缝连接，更提供了强有力的数据分析支持，同时还可以下载移动客户端，便于手机管理店铺。如果希望友好地维护微信公众号粉丝和管理微店商品，并让它们在一个体系下运营，有赞微商城是个不错的选择。

三、认识1号店

1号店（http：//www. yhd. com/）（见图1－4）是上海益实多电子商务有限公司创立的，并于2008年7月11日正式上线，开创了中国电子商务行业“网上超市”的先河，提供了系统平台、采购、仓储、配送和客户关系管理等方面的服务支持，确保高质量的商品能低成本、快速度、高效率的流通。1号店的目标和愿景是“打造业界第一的顾客体验”，通过顾客体验的关键业绩指标，让顾客充分享受全新的生活方式和实惠方便的购物体验。

图1－4 1号店首页

1号店拥有强大的PIS系统（价格智能管理系统），通过实时监控全网价格和库存信息，根据自身价格策略实时调整价格，保证价格竞争优势。1号店的商品质量安全管理非常严格，对供应商审核、商品入库检查、存储配送管理、商品质量问题这4个关键环节，制定了详细的商品质量安全监督流程，全力维护消费者权益，使平台的好评率极高，也证明了1号店平台的良好创业环境。

1号店还支持多种支付方式，包括货到付款、网上支付（支持多家银行卡及支付宝、银联在线等平台）、银行转账等，同时平台满99元免运费，绝对是微商创业的优选之一。

步骤三　走入微商创业

何云亮很快加入了职业学校的“一职猫”创业团队。“一职猫”微店（见图 1－5、图 1－6）是职校电商老师自创的学生创业实践平台，每一位学生都可以成为该平台的分销商和客户，平台也交由学生团队管理。何云亮感觉通过创业实践，让自己在课堂上学到的知识有了用武的天地，在创业的大潮中感受到电商专业的魅力。特别是听了学校几个学长的创业故事，更加增添了学习电商和创业的信心。

图 1－5　“一职猫”微店 APP 管理页面

图 1－6　“一职猫”微店店铺首页

创业案例

0～1 500 万元——95 后中职生林小康的创业之路

林小康，温州职业中专机电专业 2014 届毕业生，受到学校浓郁的温商教育氛围的影响，在高三阶段毅然选择了就业实习。这期间，他帮助父亲做模具销售大获成功，坚定了他的创业之心。

在刚满 18 岁的那年，他开起了第一家微店。通过论坛发帖子的宣传形式，林小康吸引了一大批对其商品感兴趣的网友光顾店铺，人气爆棚的同时也带来了不菲的收益。为了保障微店的客源和长远发展，林小康将目光又对准了国外的“星空棒棒糖”，他积极寻找代购，并通过与学校电商教师的交流，进一步掌握了微商经营之道。这一次，他创造了销量新高。

短时的销量并没有让林小康止步，受限于中间商对于商品把控的不确定性，林小康决定继续改进，“做自己的商品”。在突破了商品制造的瓶颈之后，林小康连开 8 家淘宝店和手机微店，利用店铺抱团打战，以独特的商品和多店铺的优势快速抢占市场。一个月内，店铺排名就达到了全网第二的水平！乘胜追击，林小康将自己的商品做出品牌，成功抢占该类目品牌热搜。

通过品牌化完成商品推广，坚持“一切以顾客为核心”做好市场营销，短短的一年时间，林小康完成了店铺从一家到十余家的扩张，收获了多家淘宝皇冠店铺，并以全年销售额 1 500 余万元完成了自己创业阶段的历史性跨越。从最初的 0 到如今发展成为生产、销售、研发全链路的企业，95 后的林小康如今已经是能够影响行业的电商 CEO，他的微商创业之路走得风生水起。

从创业达人到温州教育年度新闻人物

夏婷，温州职业中专经贸学部 2015 届学生，因创业有道荣获 2015 年温州教育年度新闻人物，是当年 10 位获奖人中唯一一位职高生。获得这项殊荣，对夏婷来说既是惊喜，也是意料之中。

中考失利的她，听从父亲建议来到经贸电商班。通过一年的电子商务基础知识学习，她依靠自己的专业背景，充分发挥自己的特长，尝试开设微店，并接单“装修”淘宝店铺工作。高二时，她学习了网店运营课程，深入探索、自主创业并将自己的创业经验分享给其他同学。

2014 年的电商“12 · 12”狂欢节上，通过微店及淘宝店铺，夏婷单日销售额达 8 000 元，而这半年以来，她的电商创业已经累计盈利 5 万元左右。“在校高中生能利用所学知识创业，取得这么好的业绩，实在难得！”夏婷的创业故事启发了很多中职学生，也受到了媒体的关注，而夏婷却感恩地说：“这多亏了经贸学部老师的支持，通过创业实践，我不仅学习了知识，取得电子商务师证书，还得到了很多创业经验。现在，注册淘宝账号、申请免费开店以及 PS 修图、网络营销与店铺装修等我都得心应手。”

从中职生转型成创业达人，从创业达人升级为温州教育新闻人物，夏婷用她的故事证明着，中职生创业一样能够取得辉煌。

从学生到“店长”，经济独立并不难

潘渲茹，温州市职业中等专业学校经贸学部 2016 级电商班学生。选择电商专业是她人生转变的开始。作为一个 15 岁的小姑娘，她看起来稚嫩又紧张，然而就是这样一个女孩，通过一个多月的时间，创立“微店”组建团队，以 QQ、微信、微博等方式销售护肤品，完成了创业的第一步。

目前，潘渲茹的微店一个月销售额大约在五六千元左右，盈利在 2 000 元左右，高一时就实现了个人经济独立。而这背后，离不开她对日常所学知识的整合，以及对学校微商创业平台的利用。2014 年学校经贸学部创立了“一职猫”微商平台，彻底颠覆了以往先学习理论知识再实践或实习的学习模式，以一边创业，一边学习知识的新方法，帮助学生完成学业与事业的双丰收。潘渲茹就是抓住了平台机遇，做到了微商创业的快速起步。

开创微店并不是潘渲茹的最终目标，她表示，经济独立让她能够更加自由、深入地思考自己今后的人生发展。而在开店过程中，她不仅收获了金钱，更学会了如何带团队，能够根据成员的能力、性格、执行力、交际范围、抗压能力等分配工作，懂得通过团队创造出更好的业绩……

“为每一个学生提供合适的教育”，潘渲茹在微商创业中找到了她的新起点。她表示创业不仅仅是高中生活的全部，她也会将更多精力投入到各方面的学习中，让自己能够创业、学业两手抓，更自信地面对未来，获得持久的就业和职业生涯发展保障。

微商已成为移动时代的潮流，它浩浩荡荡，席卷而来，引发的是电子商务乃至整个产业的革命，它改变了我们的生活方式甚至思维方式，它虽然是虚拟的，却无时无刻不在。同学们可以在微商创业的天地中感受专业的魅力，真正通过“做中学”“学中做”，提高理论素养，提升实战经验。

触类旁通

谁能踏上微商创业之路

创业之路千万条，只有从中筛选出最适合自己的那条才能事半功倍，走上创业巅峰。那又有哪些人能踏上这微商创业之路呢？（见图 1－7）

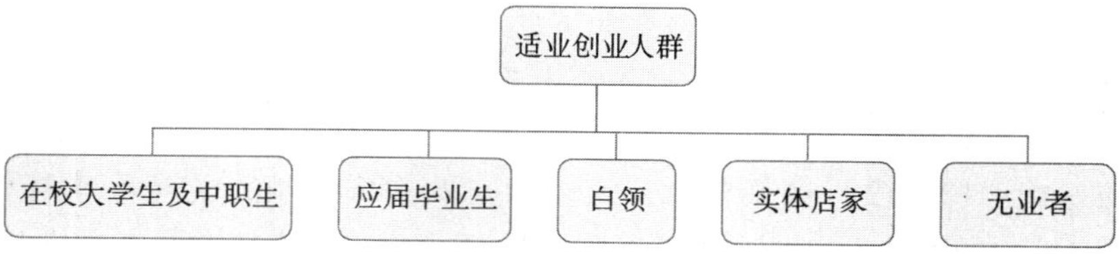

图 1－7　适业创业人群

1. 在校大学生及中职生

在校大学生和中职校的学生时间较充裕，且充满了求知欲，对互联网等新事物和新设备的适应度非常高。在校园里还有老师们的指导，容易找到志同道合的创业同伴，因此，在校大学生及中职生非常适合微商创业，已有许多成功的学生创业案例。在校从事微商创业的同时，还能积累宝贵的创业经验，为未来进入社会带来一部分资金累积并打下基础，一举两得。

2. 应届毕业生

“毕业就等于失业”，对于应届毕业生来说，刚毕业时会显得非常迷茫，对事业的迷茫、对未来的迷茫。在没有找到明确的人生方向之前不如踏上微商创业之路，变“失业”为“创业”，投入经历建立自己“事业”。

3. 白领

大多数白领生活比较有规律，有固定的闲暇时间，同时白领大部分属于资深网民，精通微博、论坛、微信等 SNS 社交工具。因此，对于白领来说，开微店不仅是充分利用空余时间，更能增长各类经验。

4. 实体店家

对于实体店家来说，开微店等于实体店的扩展，实现线上线下的同步运营，为自身经营开拓新的销售渠道，又不需考虑货源问题，经营起来更是如虎添翼。

5. 无业者

无业者包括家庭主妇、下岗职工等，他们时间有较多的空余，对于创业来说更有吸引力和冲劲。当然，对于缺乏经验等问题也需要有所改善，但无论从哪个方面说，微商创业都是最佳选择。

除了以上列举之外，还有很多群体也适合微商创业，只要有心，只要会操作手机，只要对微商感兴趣，都可以尝试微商创业。

实战训练

刚刚步入职高的何云亮希望以后能成为一名微商创业者，并准备在众多的微商平台中选择一个适合自身发展的微商平台，请结合你所学习的内容，分析以下问题：

1. 要成为一名成功的微商创业者，需要做哪些准备？

2. 比较分析各种微商平台的特点和优劣势，选择一个适合中职生何云亮创业的微商平台。

任务二　体验微店开设

【任务要点】

◆ 关键词：微店、有赞平台、微信小店、实名认证

◆ 知识要求：了解开设微店前要做的准备工作，了解开设各类微店的特点和注意事项

◆ 技能要求：掌握各类微店的开设流程

任务情境

何云亮非常憧憬学长学姐们忙碌的创业生活，他报名参加了学校的“一职猫”创业团队。“一职猫”学生创业平台是学校电商老师们为了创新人才培养模式，自行搭建的移动微商城。

学校里每一位学生都可以成为该平台的分销商和客户，还可以参加该平台的创业团队，从而跨出课堂，感受真正的创业实践，交流各自的创业体验。何云亮跃跃欲试，他找来了同学沈明和李慧，准备开一家自己的微店，真正的体验一次创业。

任务分析

微店是顺应移动互联网的大趋势而生，相对于线下的实体店而言，微店的最大特色在于开通快速，成本低，营销、推广等工作比较简单，而且不必占用大量时间来管理，适合大众创业。那么微商创业前要做哪些准备工作呢？在各种微商平台上开店都有什么要求？接下来我们就要了解各种微店开通的操作流程以及微商平台的特点，从而能够针对不同情况选择合适的微店。

任务实施

何云亮认识了各种微商平台之后，发现有的平台比较适合做新客户，有的平台适合做老客户；有的必须是企业认证的服务号才可以开设，有的任何私人账号都可以开通；还有的平台人气大、流量大，适用性比较广。因此需要根据各自的情况选择性开店，或者综合运用各种平台，从而开源引流。

于是何云亮通过“一职猫”学生创业团队的指导，尝试在不同平台上开店操作，经过对多种微商平台的实践，熟悉了各种开店操作，为创业奠定了基础。

步骤一　准备开设微店

开微店不能觉得简单就掉以轻心，而是应当事先心中有数、认真准备。下面就来说说要准备的内容：

一、选择微商平台

互联网上微商平台非常多。在微商平台的选择上，一定要考虑全面，最好先对备选的微商平台进行全面了解和综合评估。除了商城类平台外也有很多 APP 类型的微商平台，目前微店 APP 知名度比较高的包括口袋购物（微店）、拍拍微店、京东微店等。拍拍和京东微店都有门槛，因此不是微商的首选平台。口袋微店知名度比较高，平台不收手续费，有导流，偏向为大微商导流，适合起步阶段的微商。

二、明确售卖商品

微店商品不要大而全，必须围绕自己朋友圈的人群去设计，挑选性价比和实效性比较高的商品，要做到小而精、有特点且针对性强。

三、准备一部智能手机

开实体店需要店铺，开淘宝需要电脑，而开微店必须要有一部智能手机，这也是微店之所以“微”的主要原因。微店的营销推广以及与买家进行沟通交流会涉及微博、QQ 等社交工具的应用，所以开通微店之前，要把这些社交软件下载到手机上。

四、准备一张银行卡

在开通微店前，应该准备好一张用于收款的银行卡，并绑定到自己的微店支付功能上。

除了上面这些必备事宜之外，还有一些细节问题需要考虑。比如，提前想好微店名称、微店头像等。一切准备妥当之后，微店就可以华丽登场了。

步骤二　开通微店店铺

互联网上的微商平台很多，下面主要讲解在三种平台上开设微店的方法。

一、开设微店

随着微信用户量的增加，微信和微信关联营销变成了主流营销方式，微店就是利用微信平台，实现用户免费在手机上开店的软件，目前支持网页版、iphone 手机、ipad 和安卓手机。微店开设前需要准备手机号、身份证号和银行卡号。

1. 下载并安装微店。

方法一：在手机应用市场搜索“微店”，点击“下载”，并完成安装；

方法二：手机浏览器搜索引擎中查找“微店”，并下载安装；

方法三：电脑上打开“微店”官网，用智能手机上的微信扫一扫功能，扫描官网的二维码下载微店（见图 2－1）。

图 2－1　微店下载

2. 注册微店。

（1）用手机打开安装好的微店；

（2）点击“注册”按钮（见图 2－2），填写手机号码，然后点击“下一步”按钮（见图 2－3）；

图 2－2　微店注册页面（1）

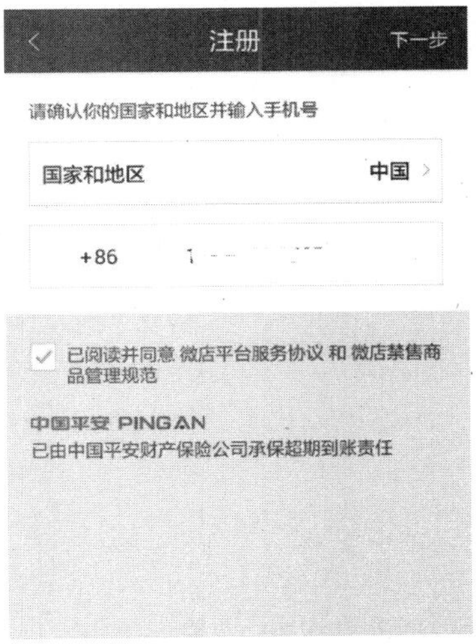

图 2－3　微店注册页面（2）

（3）确认输入手机号码无误，点击“好”按钮（见图2－4）；

（4）收到六位数验证码，录入后点击“下一步”按钮（见图2－5）；

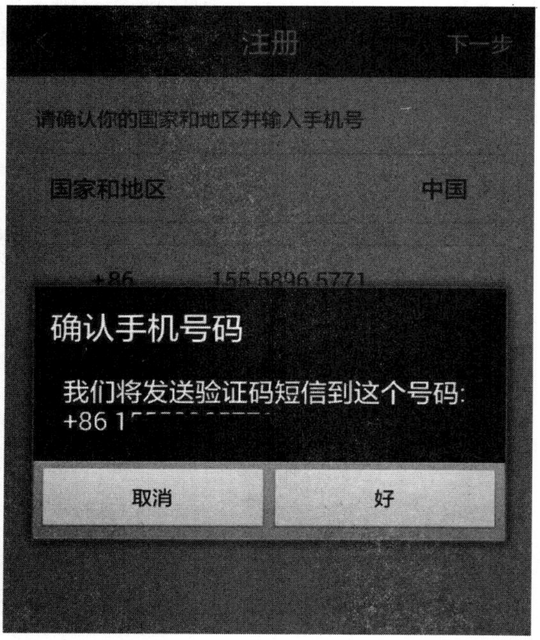

图2－4　微店注册页面（3）

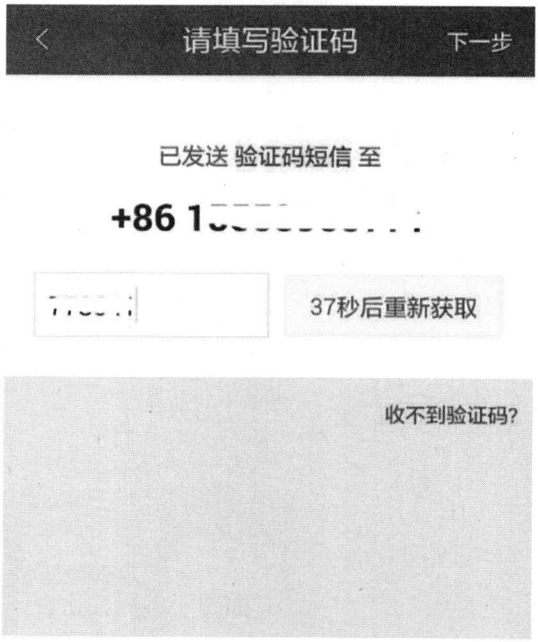

2－5　微店注册页面（4）

（5）设置账号密码，并填写真实姓名及身份证号，否则将无法提现；

（6）添加店铺的基本信息，如店铺图标和名称（见图2－6）。

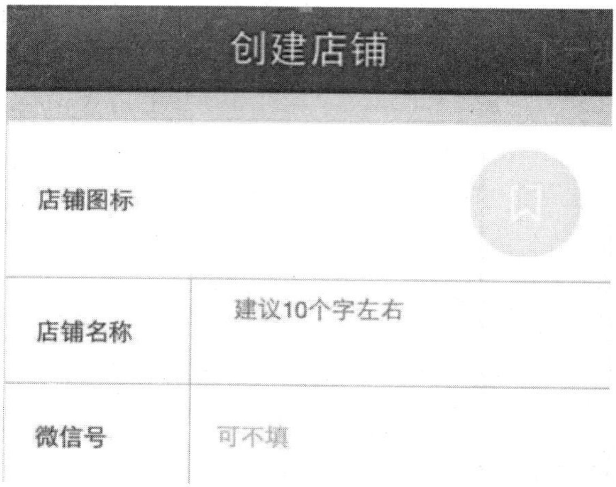

图2－6　添加店铺基本信息

3. 微店创建成功，登录微店。

（1）用手机打开安装好的微店 app，点击“登录”按钮；

(2) 填写手机号码和密码，然后点击“登录”按钮（见图2-7），进入微店管理界面；

(3) 在微店界面中选择相关操作入口进行微店管理操作（见图2-8）。

图2-7 微店登录页面

图2-8 微店管理页面

4. 实名认证。根据国家《网络交易管理办法》，应监管部门要求，微店对卖家进行实名制管理，实名认证有利于确定商家身份，营造更安全的网络交易环境，避免不法分子通过网络欺骗消费者。进入微店管理页面，点击“实名认证”按钮，输入正确的姓名、身份证号、银行卡号，要求姓名与身份证、银行卡注册信息一致，输入无误即可完成认证。

5. 绑定银行卡。微店需要绑定银行卡后才能提现，开通微店后可以在“订单和收入”项中绑定。

开通微店操作比较简单，有手机号码就可以开通，官方还提供一定的推广活动。微店是一款移动平台的推荐购物类应用软件，主打个性化和精准化的商品推荐。功能包括热门商店推荐、根据用户的个人喜好寻找商品等，有良好的用户体验。

二、开设有赞微商城

除了微信公众号自带微小店功能外，流行的支持微信公众号的微商平台中比较有名的还有不少，其中有赞微商城就是其中之一。有赞微商城提供了十分强大的客户管理系统（需要微信认证服务号），可以对每一个粉丝进行分组、打上特定的标签，以便更加有针对性地进行消息推送。有赞微商城的开设流程如下：

1. 登录有赞微商城官网（https://www.youzan.com/），点击“注册”按钮（见图2-9）。

图 2 - 9　有赞微商城注册页面

2. 填写注册信息后，单击“确认注册”按钮（见图 2 - 10）。

图 2 - 10　填写注册信息

3. 注册好账号后，单击“创建店铺”按钮（见图 2 - 11）。

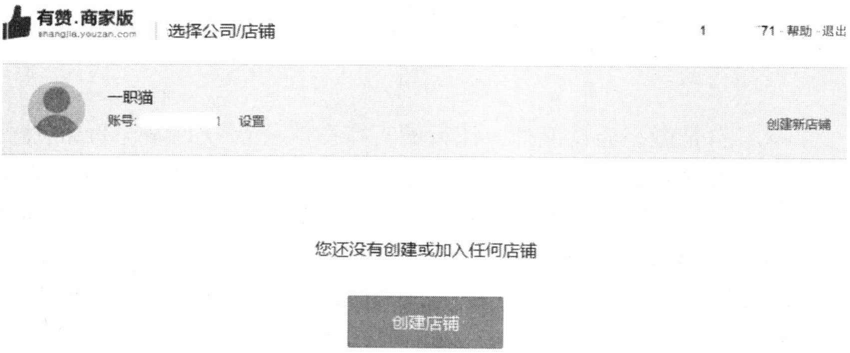

图 2 - 11　创建店铺（1）

4. 填写公司和店铺信息后，勾选“我已阅读并同意《有赞微商城代理销售服务和结算协议》《担保交易服务协议》”，之后点击“创建店铺”按钮（见图2－12）。

图2－12　创建店铺（2）

5. 选择行业模块。有赞准备了多种行业模板，用户根据自己的实际情况任选一种，选择好模块后，单击“确定”按钮（见图2－13）。

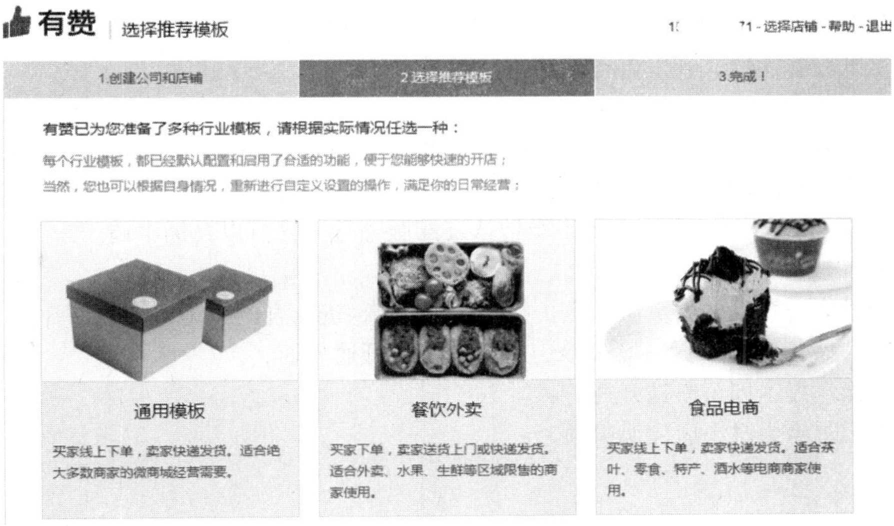

图2－13　选择行业模块

6. 创建店铺完成（见图 2－14）。

图 2－14　完成有赞微商城注册

有赞微商城与微信公众号的衔接非常好，通过调用微信公众号的接口能实现很多便捷的功能。依托于微信公众号和有赞微商城自身的店铺管理系统，有赞微商城不论营销推广、店铺管理或数据分析都比较完善。

三、开设微信小店

微信公众平台正式推出了“微信小店”功能，包括添加商品、商品管理、订单管理、货架管理、维权等功能，开发者可使用接口批量添加商品，快速开店。

微信小店开通必须满足以下条件：①必须是企业认证的服务号；②必须开通微信支付接口；③必须缴纳微信支付接口的押金。已接入微信支付的公众号，可在服务中心中申请开通微信小店功能。具体的开通条件及流程如下：

1. 开通条件。企业必须是获得了微信认证的服务号，才可以自助申请。

2. 开通步骤。

①登录微信公众平台网页版，点击“服务中心”，进入官网服务中心界面；

②执行“微信小店→详情”命令，打开微小店开通界面；

③按照操作提示即可申请开通。

图 2－15 所示为微小店注册页面。

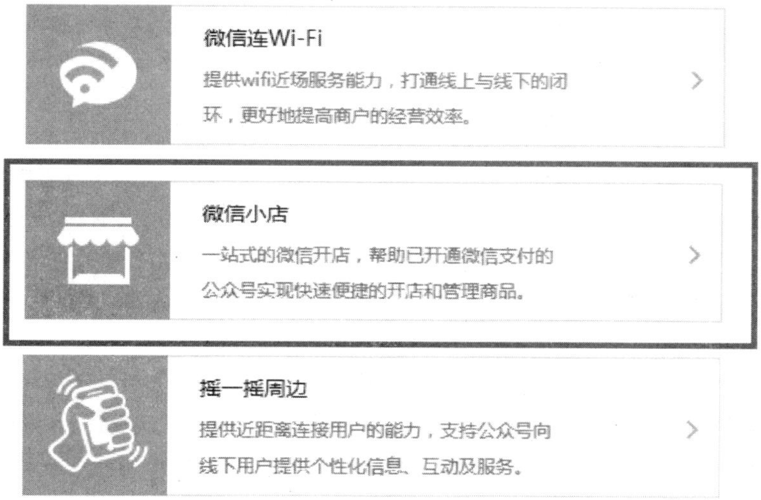
微信连Wi-Fi
提供wifi近场服务能力，打通线上与线下的闭
环，更好地提高商户的经营效率。
微信小店
一站式的微信开店，帮助已开通微信支付的
公众号实现快速便捷的开店和管理商品。
摇一摇周边
提供近距离连接用户的能力，支持公众号向
线下用户提供个性化信息、互动及服务。

图 2－15　微信小店注册页面

微信小店的开通需要公司资质，店铺开通后可以通过微信、微博、QQ 等社交渠道推广店铺或商品，从而赚取不同比例的销售佣金。开设后的营销推广微信关联营销中除了微信自身营销外，微信公众号和微信朋友圈是微信营销阵营的两大渠道，有很好的推广效果。

知识加油站

微店、微信小店和有赞微商城的比较

微店属于真正零门槛。只需在应用商店搜索“微店”并下载应用，完成注册后，输入手机号并绑定银行卡即可在微信上开微店，任何私人账号都可以实现。微店支持 PC 端店铺管理功能，包括商品、订单和数据统计等，用户在微店上可以实时查询店铺销售数据和流量统计。在交易环节，微店全面对接微信支付、支付宝、银联及财付通，保证支付手段的丰富性及便捷性。微店的模式简单说来就是：供应商把商品发到微店网，由无数的网民开设微店帮其销售。供应商获得订单，微店主获得交易佣金。

微信小店是由微信公众平台打造的原生电商模式，直接由微信开发运营，可实现无技术的基础商品交易闭环。微信小店的模式是：基于微信支付并通过公众号售卖商品，可以实现包括开店、商品上架、货架管理、客户关系维护、维权等功能。从运营模式上说，微信小店要实现的最终效果就是类似于移动端的淘宝。微信小店开店门槛较高，需要在开通微信服务号的基础上再开通微信支付，这些都需要公司资质（非个人）。

有赞微商城针对的是商家企业。有赞微商城是给商户提供的服务型的商品。微商城可以给微电商们提供解决方案。比如：供货商加入，微商城可以提供更广的分销渠道；分销商加入，微商城提供更多的资源，解决分销商供应链问题。美中不足的是，有赞微商城需要支付年费，有不同的收费标准，可根据实际需要选择，另外还需要收取一定比例的平台维护费用，这会让很多个人商家望而却步。

学YO 触类旁通

网店营销之宝贝命名三大方法

网店上的流量，大部分都来自搜索流量。既然是搜索，那么宝贝标题的匹配度非常重要，因此一个好的宝贝标题会带来更多的流量。网店新商家可能对宝贝命名方式不太了解，店铺的主要流量来自网店站内搜索，用户会通过输入自己想要的商品关键词来进行搜索，而搜索进行匹配的时候，就是通过宝贝标题来匹配的，因此宝贝标题中关键词要侧重于高搜索量。

下面就来阐述一下宝贝命名的方法：

一、通过搜索输入框自身提示来设计宝贝名称

输入宝贝名称后，淘宝会自动提示一些搜索建议，这些搜索量都是很大的。可以用记事本记下来一些相关的关键词，用以设计宝贝名称。

二、查看淘宝 TOP 排行榜

我们可以找到一些目前搜索量非常大的关键词，同样用记事本记下和你店铺宝贝相关的关键词，也可以进入完整榜单去寻找更多的关键词。对于做品牌分销的店家，可以看看自己品牌的热度。

三、分析淘宝指数

淘宝指数非常强大，一定要好好利用起来，里面有很全面的数据分析。可以输入想要的关键词，点击“市场细分”，再点击“相关商品”，就可以得到所需的数据分析。

我们所整理出来的关键词都是搜索量很大而且和自己店铺里的宝贝名称相关的，接下来就是要把这些关键词融合成一个宝贝标题。可以根据自身的宝贝属性以及当前店铺的促销活动，融合出一个宝贝关键词。

实战训练

何云亮一直向往自己创业，在不断地努力之下，终于成功开设了自己的微店，并上传了自己的商品，他兴奋地期待着自己的第一笔生意。请完成以下训练：

1. 思考开店前应该做好哪些准备？
2. 任选一个微商平台进行注册并开设店铺。

任务三　搭建微店岗位架构

【任务要点】

◆ 关键词：岗位职责、岗位能力、组织架构

◆ 知识要求：学会搭建微店团队管理的组织架构形式，了解微店运营者应具备的素质和技能

◆ 技能要求：能模拟完成微店管理中运营总监、文案策划、微店客服等不同岗位的工作任务

任务情境

何云亮等同学拥有了第一家微店“海之家”。在试营业期间大家发现运营一家店铺不能只依靠某个人，而是需要团队的共同合作，团队中每个岗位人员必须各司其职并且做到协同合作，有了合理的组织架构才能事半功倍。何云亮、沈明和李慧商量具体事宜后，组成了创业小组，并分配了不同的工作任务和职责要求，何云亮作为微店店长，负责店铺的整体运营。

任务分析

对于现阶段的微商来说，团队的力量是巨大的，个人微商的发展将会受到诸多方面的受阻因素，很多微商新手都希望组建自己的微商团队，一个微店的运营总监在整个微商团队中起到一个核心作用，需要给出整个团队的发展方向和实战思路。这考验的不仅是经营者的运营操作能力，也考验其对团队的管理能力。因此，一个合格的微店运营总监需要对微店的组织架构以及微店各个岗位的职能有非常透彻的了解。

任务实施

何云亮等同学发现只有设置一个权责分明的组织架构，明确每个岗位的岗位职责、人员编制以及岗位所需的能力要求，在此基础之上才能组织资源、搭建流程、开展业务，从而保证微店的持续运营。

步骤一　确定运营工作内容

一开始，在何云亮的眼里，微店运营就是出售商品，但是经过试营业期间之后，他发觉微店运营是一项对专业技能要求较高的工作，对店铺的运营状态、活动的策划、方案的实施都十分讲究，他总结出微店运营要做好以下这些工作：

一、微店经营管理

1. 明确微店及公众号的定位及经营方向，制订年度经营计划，并分解实施。微店运营需要对自身行业非常了解，调研大量的资料及数据，通过数据分析客户的人群分布、地域分布、消费者特征、消费者购买力、商品的淡旺季销量情况、竞争对手的经营状况等，明确商品定位及内容定位，根据商品定位来确定微店及公众号的风格，同时也为装修店铺提供明确的方向。微店运营总监制订年度经营计划后，再把任务逐个分解细化，做到把控全局。

2. 协调各部门的工作安排，提高整个团队的运作效率。微店店长不是“光杆司令”，下面有一个团队需要去协调与安排。不仅要合理安排每个人的任务，需要有强大的危机处理能

力，能够在短时间内处理各类棘手的问题，还要能够根据团队成员的工作状态及时做出调整，保持团队内部的和谐，帮助团队成员一起成长。

3. 监测业务数据，根据经营状况及时采取应对措施。微店运营团队需要具有一定的数据分析能力，在每天面对的大量复杂数据中，分析出店铺的运作状态，并及时发现问题，采取相应的措施。同时还要善于观察竞争对手的每日动态，做到知己知彼。

二、微店日常维护

1. 微店商品的更新，包括新商品下单、入库出库，协调商品拍摄等。团队需要根据不同季节来制订新商品的上架及商品更新计划，做到最大程度地迎合消费者的喜好。

2. 微店模板的维护与更新。需要技术部门编写代码、制作模板，确保店铺的正常工作。一个好的店铺页面能够在最短时间内捕获消费者的心，因此在装修店铺时，需要思考如何将店铺的名字、界面风格、店内经营的商品以及店铺服务人员的语言风格甚至店铺运营人员的思想渗透其中。

3. 售后服务的完善。良好的售后服务能够提升店铺信誉度和消费者对商家的信任度，因此处理好售后问题可以既在一定程度上维护好老客户又招揽到新客户。对于售后问题中遇到的特殊异常问题，需要微店运营者的介入，指导客服以最妥善的方式处理好售后问题，以避免不必要的损失。

4. 微店商品的管理。微店运营中最关键的部分就是销售商品，因此为了微店的长远发展，需要保证商品的品质，无论是从商品的性能、质量、退换货都要做到严格把关。在商品采购入库时就需要对商品进行严格的审查和筛选，做好入库登记、定期清点库存、维护仓库的仓储环境，同时，出库时做好商品的出库登记和品质核查。

三、微店店铺优化

1. 语言优化。如今上网购物的消费者同时也是互联网上最活跃的群体，所以在商品描述的时候，要尽量符合网络消费者的用词习惯和表情使用习惯，店铺上举办的一些活动，要用显著的方式提醒消费者，比如包邮、促销等。

2. 商品详情文案优化。文案的撰写关键是描述客户想要知道的内容，包括商品名称、规格、保质期等，还要附上高清大图。如果是食品类，客户会很关心原料、产地等，这些也要尽量在描述中展示出来。最后还可以描述一些客户的评价和使用后的心得，从而让客户对商品产生浓厚的兴趣。

3. 商品图片优化。图片关键是要让人觉得真实、清晰，体现商品的特点，能够吸引顾客的眼球，产生购买欲望。

四、微店营销推广

1. 结合公众号进行营销推广，做好公众账号的内容定位。要想拥有更多精准的粉丝和保持更高的粉丝活跃度，最重要的就是要有优质的公众号内容。内容一定要对用户有吸引力和帮助，能给用户呈现一个真实的世界。在推送内容的时候必须注重与粉丝之间的沟通和互动，而不能只是单纯地推送广告，频繁地推送广告很容易引起客户的反感，或被粉丝取消关注，因此需要尽量推送和商品有一定相关性同时对用户有价值的内容，而不是单纯推送商品。

2. 策划节假日营销方案，并组织线上活动的实施。针对各类营销活动，至少提前一周做好营销活动策划方案，安排店铺设计师做好推送的营销广告，提前做好店铺内的活动预告，通过公众号告知消费者活动的时间、折扣方案，定制营销活动资金预算及活动效果预估，并提前建立客户档案，根据客户的消费行为特征，对客户进行分组，在活动期间还要组织、协调好客服应对大流量的买家咨询。

五、资料收集与分析

微店运营需要每天密切关注行业动态，通过微信 API 接口进行数据开发和分析工具的接入，对行业数据、商品销售数据进行挖掘与分析，从而了解相关行业每天的变化趋势，积极应对。

步骤二 搭建运营组织架构

通过分析微店运营工作内容之后，何云亮发现自己不能做一个光杆司令，需要一个团队，并根据每天微店运营处理的事物和内容，设置部门，同时制定每个部门的具体分工。为此，何云亮通过查找资料，研究了企业的组织架构图，找到了适合普通中小创业型团队的企业组织架构图（见图 3－1）。

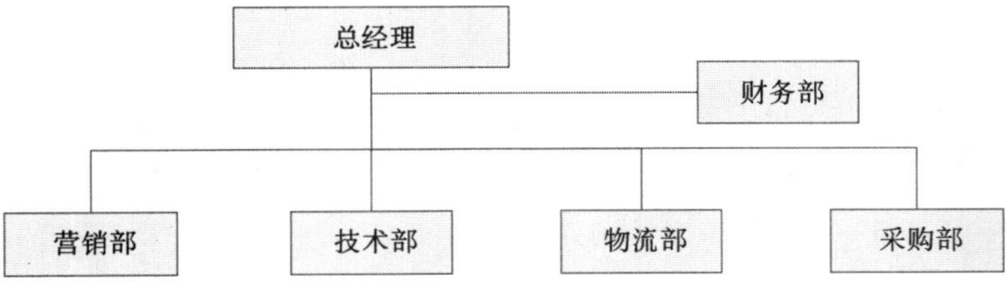

图 3－1 中小企业组织架构图

微店运营团队的组织架构其实并不复杂，于是何云亮在企业组织架构图的基础上进行调整，设计了适合自己微店运营团队的组织架构图（见图 3－2）。

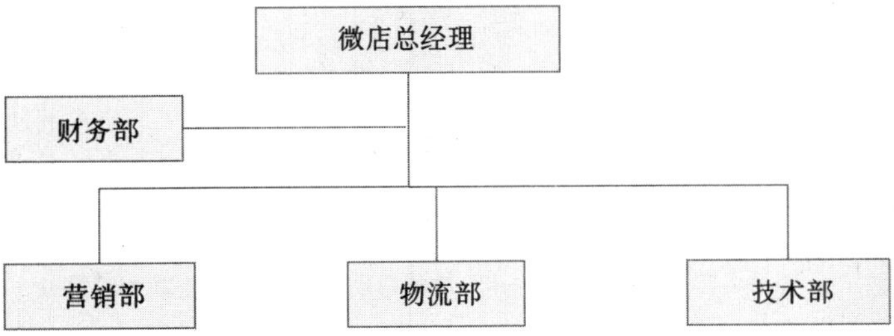

图 3－2 何云亮团队的组织架构

何云亮团队的组织架构图由微店运营总监负责搭建，把控整个微商团队的发展方向，统筹团队内部各部门的分工合作。

根据自己所设计的组织架构，何云亮组建起了团队，由何云亮担任微店总经理，沈明负责营销和技术部，李慧负责财务和物流部。组织架构及各部门的分工如下：

一、总经理

总经理负责整个微店的定位及商品定位，制订年度经营计划，负责外部业务的沟通与谈判，给各部门下达工作任务，协调营销部、技术部、物流部的工作，提高整体团队工作效率，处理团队危机事件。

二、财务部

财务部负责整个团队内部的资金调度、财务核算业务的管理、财务报表编制及财务分析等工作以及资金核算、销售核算、税务业务等工作。

三、营销部

营销部负责日常商品的销售与售后服务，协调商品的拍摄工作，根据节日策划活动方案，以及新商品的上线促销方案，负责团队公众号的日常运营与客户维护，开发目标市场客户。

四、物流部

物流部负责仓库管理，管理好商品的出库与入库，定期清点商品库存，审查入库商品的质量问题，解决仓储环境与商品库存管理，能够配合营销部及时将商品进行发货、出库。

五、技术部

技术部负责日常微店后台的数据维护，保证微店及公众号的正常运营，进行店铺的装修和商品图片的美化，解决活动期间后台的正常运行，参与商品讨论并编写技术文档，测试并推动商品上线。

步骤三　分析微店岗位要求

每个岗位对人员能力的要求不同，因此要根据队员的知识、能力、性格等个性特征来分工合作，形成一个优秀的团队。根据何云亮团队的组织结构，对应的岗位如图3-3所示。

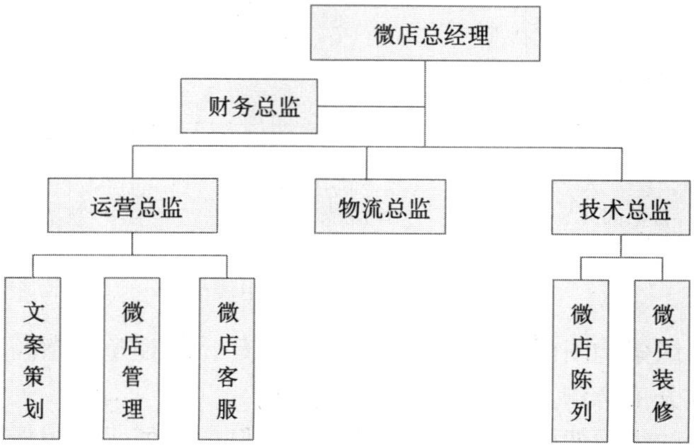

图3-3　何云亮团队的岗位结构

微店运营对应的岗位能力要求如下：

一、微店总经理岗位能力

1. 熟悉现代电子商务团队管理的模式和运营流程，在团队管理方面有极强的领导技巧和管理才能，具有极强的敬业精神和先进的管理理念。

2. 熟悉电子商务团队运作、经营管理、各部门工作流程，具有管理者的道德观和社会责任感。

3. 善于制定团队发展的战略及具备把握企业发展全局的能力。

4. 具有优秀的领导能力、出色的人际交往和社会活动能力。

5. 具有良好的敬业精神和职业道德操守，有很强的感召力和凝聚力。

6. 作风严谨、行事稳健，具有强烈的创新、团队意识和开拓精神。

7. 具有敏锐的商业触觉、优异的工作业绩，经历充沛，能承受较大压力。

二、财务总监岗位能力

1. 分析判断能力。企业财务的一个重要职能就是控制风险，进行风险收益的权衡。

2. 决策能力。财务总监会经常参与企业的各种决策活动，其主要职责是当好参谋，为决策层的决策提供资金、财务方面的建议。

3. 专业技术能力。能够编制财务报表、进行会计核算、税务处理，掌握全面预算、资金管理、成本控制以及具备财务风险管理和控制风险等能力。

三、运营总监岗位能力

1. 熟知微信的运营模式（标准微信控）。热爱并熟悉互联网及新兴社交媒体的商品，对商品内容有深刻而准确地把握。熟悉微店运营、口碑营销、PR 炒作、论坛 SNS 营销，熟练使用微博、微信、豆瓣等社交媒体。

2. 对热点事件、新闻动态等信息敏感、把握能力强，能够及时反应。富于创新，勇于开拓，文字功底强，能承受很强的工作压力。

3. 组织、协调能力出色，擅长与营销内容相关的选题、编辑、策划工作；工作细致耐心、勤奋敬业，有非常强的团队合作意识和领导能力；熟悉互联网行业、掌握微信相关新媒体编辑流程。

四、文案策划岗位能力

1. 擅长网络编辑或销售型文案写作，有较强的策划能力；可以提炼商品卖点，策划商品文案，协助美工完成图文并茂的商品详情页设计，提高页面的美观度。

2. 有激情、责任心强，有敬业精神，具备良好的团队合作精神和自学能力；具有良好的文字表达能力、扎实的中文写作功底；具有优秀的理解力和沟通能力，有较强的栏目、选题策划能力，知识面广阔；有较强的商品和活动策划能力、文案撰写能力，较强的市场分析和判断能力。

3. 善于与人沟通，具有良好的团队合作精神和高度的责任感，能够承受压力，有创新精神，保证工作质量。

五、微店管理岗位能力

1. 优秀的执行力。可以有效利用资源，用最快速度保质保量完成工作。
2. 创新能力。可在工作上产生新思路，新方法，对原有工作进行创新。
3. 资源整合能力。不但要发现自身的资源，还懂得如果借助资源，进行推广和运营，扩展营销空间。
4. 文案编辑能力和设计能力。懂得利用各类软件工具，编辑出好看的图文，引导用户、留住用户。
5. 热爱移动互联网营销。对微博、微信及其他新型互联网传播方式有浓厚的兴趣。对社会热点精准把握，善于整合媒体资源，能够积累目标客户和客户互动。

六、微店客服岗位能力

1. 良好的语言表达能力，丰富的行业知识及经验。
2. 熟练的专业技能，思维敏捷，具备对客户心理活动的洞察力。
3. 具备良好的人际关系沟通能力，具有良好的倾听能力。

七、物流总监岗位能力

1. 具有丰富的物流管理经验，熟悉大型物流、运输、仓储等环节的建设及管理。
2. 熟悉物流业务操作流程及进出口贸易流程。
3. 了解各地物流市场，能有效利用仓储、运输资源。

八、技术总监岗位能力

1. 能熟练运用艺术设计中的几个基本软件（AutoCAD、Photoshop、Coreldraw Dreamweaver 等）。
2. 具备优秀的视觉营销洞察力，统领全局规划和推进执行能力，创新平台建设，协调沟通能力。
3. 具有良好的沟通、协调、组织、指挥能力。
4. 能针对团队不同部门成员进行微店页面美化的知识传授。
5. 工作细致耐心，有出色的应变处理能力和团队合作精神。
6. 要求思维活跃、敏锐，有开拓创新精神。
7. 能进行店铺装修和后台数据维护。

九、微店陈列岗位能力

1. 负责微店商品上架和下架的相关工作。
2. 负责微店商品描述文字、配图文字的撰写。
3. 负责促销活动文案的构思和撰写。
4. 负责微店商品标题的编辑和修改等。

十、微店装修岗位能力

1. 精通 Photoshop、Coreldraw、Flash、Dreamweaver、Div + Css 等。

2. 具有深厚的美术功底及良好的创意构思能力，很好把握视觉色彩与网站布局，思想敏锐活跃，具有丰富的视觉创作经验和独到的审美修养。

3. 具备优秀的网站整体策划、设计能力，有丰富的网页设计经验。

4. 熟悉处理 CSS 与 IE、FireFox、Edge 以及谷歌等浏览器的兼容问题。

步骤四　分配微店岗位职责

一、微店总经理岗位职责

1. 确定微店的发展方向和管理目标，制订团队的发展规划、年度工作计划。

2. 主持召开办公会议、协调各部门的工作，发挥各职能部门的作用。

3. 负责组织制定和健全公司各项规章制度，推行岗位责任制，不断全面提高团队管理水平。

4. 加强团队建设，不断提高团队成员的业务素质。

5. 制定团队年度预决算、审批公司重大经费的开支和公司留成基金的使用和分配方案。

6. 定期对市场环境、目标、计划、业务活动进行核查分析，及时调整团队策略和计划，制定预防和纠正措施，确保完成团队的目标和计划。

7. 负责微店渠道总代理商或分销商的开发工作。

二、财务总监岗位职责

1. 建立健全公司内部核算的组织、指导和数据管理体系以及会计核算和财务管理的规章制度。

2. 建立企业内部会计、审计和内控制度，完善财务治理、公司财务控制和会计架构，对会计人员实施有效管理。

3. 负责现金流量管理、营运资本管理及资本预算、企业分立或合并相关财务事宜等。

4. 会同经营管理部门开展经济活动分析，组织编制公司财务计划、成本计划，努力降低成本、增收节支、提高效益。

三、运营总监岗位职责

1. 负责微信公众号的运营推广，负责策划并执行微信营销的日常活动及跟踪维护；根据公司项目制定的内容发布各种具有吸引力的微信内容。

2. 提高粉丝活跃度和用户量，与微信的粉丝做好互动，对微信粉丝的消费行为进行分析与总结。

3. 挖掘和分析网友的使用习惯、情感及体验感受，即时掌握新闻热点，能够完成专题策划、制定营销活动。

4. 深度了解互联网，尤其是微信的特点及资源，有效运用相关资源。

5. 负责传播计划的执行，能够与公司其他部门及团队融洽合作，顺利推进整体项目进程。

6. 在微信上进行营销，抓住潜在客户，跟踪并达成公司的目标。

7. 负责微店运营及监控，对微店相关运营结果及数据进行分析。

8. 负责重大公关、促销活动的总体、现场指挥。

四、文案策划岗位职责

1. 负责微店的文案编辑，对商品进行直观、感性、富有吸引力的描述，负责内容收集、整理、更新、栏目编辑。

2. 负责商品详情页面、主题文案等的编辑：深入研究目标客户群，挖掘商品亮点与卖点，对商品进行直观、感性、富有吸引力的描述，最大程度地提高商品描述的转换率。

3. 通过商品素材等资料，了解商品定位、风格，并做好前期资料搜集，撰写商品的特征描述及系列资料并策划页面文案的表现方式。

4. 分析目标客户的购物心理，挖掘品牌的支撑点，不断优化网络平台商品页面，提供更好的客户体验。

5. 分析相关行业竞争对手的日常推广活动，研究竞品文案，提出有效的主题策略；

6. 负责公众号的专题促销活动的文案撰写与编辑。

7. 负责微信平台的日常运营管理，信息发布与维护，提高关注度。

8. 配合推广需求，负责专题促销活动相关软文的撰写和编辑等。

五、微店管理岗位职责

1. 负责微信公众号信息的编写推送，针对微信平台进行日常维护、运营等工作，认真做好网络与信息的安全防护工作。

2. 定期收集、整理运营相关数据进行分析，并以报告形式提交上级。

3. 挖掘用户需求感受，为微信运营的改进提供建设性意见。

4. 对微信平台的粉丝进行关系维护，积极拓展服务空间。

5. 运用微信平台发布相关活动信息及推广，对外为公司树立良好形象。

6. 微信公众账号的发送内容，务必遵守《微信公众平台服务协议》以及相关法律法规的规定。

7. 微信公众号信息在正式发布前应经主管领导审稿，未经领导批准，不得擅自发布任何信息。

8. 监管微信公众平台的信息及评论，删除不良言论及图片、视频，自觉维护公司形象。

9. 保守公司商业秘密，非经财务负责人直接提交，不得在公众平台上发布本公司财务资料及商业经营数据。

10. 转发其他企业的信息、图片、视频等资料，不得侵犯他人的知识产权，不得侵犯消费者个人的信息保护权。

六、微店客服岗位职责

1. 通过在线客服和电话解决客户提出的各种咨询问题，引导客户购买。

2. 能够处理客户订单信息和管理客服订单等工作。
3. 处理商品售后服务问题，及时解决顾客提出的问题和要求，按相应规定正确处理。
4. 普通话标准，懂得消费者心理，语言表达能力强，擅于沟通。
5. 头脑清晰，思维敏捷，责任心强，有耐心，工作积极主动。

七、物流总监岗位职责

1. 制订物流加工配送方案，寻求物流解决方案，进行日常物流运行监控。
2. 负责物流规划和管理体系建设，包括业务流程、规章制度与操作规范等。
3. 采集、整合及管理物流外部资源。

八、技术总监岗位职责

1. 全面负责微店内的风格装修和页面创意设计与对外广告投放创意设计。
2. 负责微店整体页面的设计工作，以及配合各活动的网页广告设计工作。
3. 设计微店日常美观规划，策划、设计店铺的分类、公告栏和促销栏等模块，结合商品的特性制作成图文并茂、有美感、有吸引力的描述模板。
4. 负责商品的广告设计和美化，包括协调摄影师拍照、图片修改和制作以及各款商品的对应广告设计。
5. 确定公司商品框架，负责公司软件构件库的搭建。

九、微店陈列岗位职责

1. 负责对商品在各平台的商品上架工作，合理安排上架时间。
2. 维护各平台线上商品的完整，保证在架货品款式充足、结构合理。
3. 对重大活动、定期活动做好货品安排和上架工作。逢重大节庆和大型促销活动，设计货品组织和调配方案，以备有效促进销售。
4. 及时同步线上和线下商品的库存。
5. 负责新品进货后的商品属性归总、调样拍摄。

十、微店装修岗位职责

1. 负责微店页面的整体美工创意、设计和页面的实现。
2. 配合微店策划及开发人员进行相应的专题页面制作。
3. 负责公司平面宣传品的设计。
4. 负责微店广告、图片、动画、海报、LOGO 及网页的设计制作上传。
5. 负责微店活动专题的版面策划、设计以及制作上传。
6. 解决目前公司已使用技术框架中存在的问题并进行有效优化。
7. 认真做好各类信息和资料收集、整理、汇总、归档等工作。

学以致用 触类旁通

一、企业（组织）管理中常见问题

缺少协调、沟通不畅，诚信氛围不好，责任人不主动承担责任；沟通不畅，不知道也不想关心其他部门的情况；缺少跨部门协调，没有委员会或评审会等机制；责任划分不清晰；人员能力不足；缺少公司制度、运营流程。

二、组织变革的方法

1. 改良式的变革。这种变革方式主要是在原有的组织结构基础上进行修改，变动较小，它的优点是阻力较小、易于实施，缺点是缺乏总体规划、头痛医头，脚痛医脚。

2. 爆破式的变革。这种变革方式往往涉及公司组织结构重大的，以致根本性质的改变，且变革期限较短。一般来说，爆破式的变革适用于比较极端的情况，除非是非常时期，如公司经营状况严重恶化，一定要慎用这种变革方式，因为爆破式的变革会给公司带来非常大的冲击。

3. 计划式的变革。这种变革方式是通过对企业组织结构的系统研究，制订出理想的改革方案，然后结合各个时期的工作重点，有步骤、有计划地加以实施。这种方式的优点是：有战略规划、适合公司组织长期发展的要求；组织结构的变革可以同人员培训、管理方法的改进同步进行；员工有较长时间的思想准备，阻力较小。为了有计划地进行组织变革，应该做到以下几点：专家诊断、制定长期规划、员工参与。

三、常见组织结构的比较分析（见表3－1）

表3－1　常见组织结构的比较分析

结构	优点	缺点	适用企业类型
直线结构	1. 命令统一 2. 权责分明 3. 组织稳定	1. 缺乏横向联系 2. 权力过于集中 3. 对变化反应慢	小型组织 简单环境
职能结构	1. 专业化的管理 2. 轻度侵权管理 3. 培养选拔人才	1. 多头领导 2. 权责不明	专业化组织
直线职能结构	1. 命令统一 2. 职责明确 3. 分工清楚 4. 稳定性高 5. 积极参谋	1. 缺乏部门间交流 2. 直线职权与参谋职权冲突 3. 系统缺乏灵敏性	大中型组织
事业部结构	1. 有利于回避风险 2. 有利于锻炼人才 3. 有利于内部竞争 4. 有利于加强控制 5. 有利于专业管理	1. 需要大量管理人员 2. 企业内部缺乏沟通 3. 资源利用效率较低	大中型、特大型组织
分权结构	1. 权责一致 2. 自我管理 3. 跨度分权	1. 分权不彻底 2. 沟通效率低 3. 素质要求高	高度规模集中型组织

续表

结构	优点	缺点	适用企业类型
矩阵结构	1. 密切配合 2. 反应灵敏 3. 节约资源 4. 高效工作	1. 双重性领导 2. 素质要求高 3. 组织不稳定	协作性组织 复杂性组织

四、组织实施扁平化的八项措施

1. 建立培训开发机制，提升员工的技能，提高经理的管理能力，改变职业态度和职业操守。
2. 用人所长，使用合适的人在合适的岗位上。
3. 设置激励性的薪酬，使员工更珍惜工作，更有积极性。
4. 建立适当的淘汰机制、精减中层。
5. 分解、简化、整合部门职责。
6. 优化流程，加强流程的标准化程度。
7. 加强信息系统建设，让计算机或机器设备承担更多工作。
8. 加强组织文化建设，形成强势文化。

实战训练

何云亮在看到微商创业的无限商机以后，准备自建一个团队来运营一家微商城。请完成以下步骤：

1. 合理布置团队内部成员的岗位职责范围；
2. 对团队成员进行工作安排。

项目二
微店运营

任务四　微店装修与商品上架

【任务要点】

◆关 键 词：微店装修、商品美化、商品上架

◆知识要求：了解微店装修的基本内容；了解微店图片处理的基本方法

◆技能要求：掌握微店店铺装修的基本操作技能；掌握微店店铺图片处理和美化的基本操作流程；掌握微店商品上架的基本流程

任务情境

三分画，七分裱。在这个注重颜值的时代，“海之家”的小掌柜何云亮自然知道店铺装修是吸引顾客的重要因素之一。打个比方，同样的商品，放在杂乱不堪的小卖部里和放在高大上的商场展示橱窗里，消费者显然更容易被商场橱窗里的商品所吸引。购物不只是一种购买的行为，更是消费者生活态度的体现。

何云亮在和沈明、李慧讨论商量之后，为“海之家”制订了装修方案，确定了店铺的风格和配色方案，研究了店标和店招的设计方向，要将商品以最美观的状态上架到微店货架上。

任务分析

微店装修和商品上架是开设微店的基础工作，主要包括以下内容：微店页面装修、微店图片美化以及店铺商品上架。微店装修的精美程度决定了顾客对商品的第一印象和购物体验，一家个性的、精美的微店更容易打造自己的品牌和口碑。

商品上架决定了微店商品的更新周期，商品上架周期代表着微店的活力，一家有活力的微店更容易让顾客产生信任感，能极大地提高微店的回头率。

任务实施

“人靠衣装马靠鞍”，何云亮和同伴们发现微店需要一个赏心悦目的页面，商品也需要有精致的图片，才能吸引顾客的眼球，留住顾客的脚步，提高店铺的流量和转化率，于是他们开始精心地装修自己的微店了。

步骤一　准备装修店铺

人们对美的追求是不断深入的，微店店铺的设计同样如此，其装修风格和精美程度直接影响消费者对店铺的第一印象和信任度。接下来我们就对微店装修的知识点进行逐步了解和突破。

一、设计有意义的店名

能吸引顾客的店名就是卖点，所谓卖点就是能够打动消费者，能帮助商家把商品顺利卖出去的“亮点”。一个店铺如果有一个雅致的、富有经营理念或商品特色的名字，就很容易引人思索、激发想象，为店铺起到增光添彩的作用。

在设计店名的时候要做到简洁、亲和、形象并富有经营理念。例如 Apple、联想、LG、海尔等公司的店名就非常简洁且富于其商品的内涵。又如“美丽在线”“伊人坊”“素妆佳人”等店名就显得亲和并富有经营理念。

二、制作个性化的店标

店标的设计源于店名，这样消费者才会更容易记住店铺，因为人们对图片的敏感系数要远大于对文字的敏感系数。店标作为店铺的标志，要能体现店铺的个性、店铺经营的内容并能给人留下深刻的印象。随着“二维码”应用的普及，二维码名片更容易被人们接受，而在传递二维码名片时店标就赫然出现在二维码名片的中央，其地位和作用非常重大，因此在设计店标时要做到精致。图 4－1、图 4－2 是“一职猫”创业店铺信息页与“一职猫”店铺二维码名片。

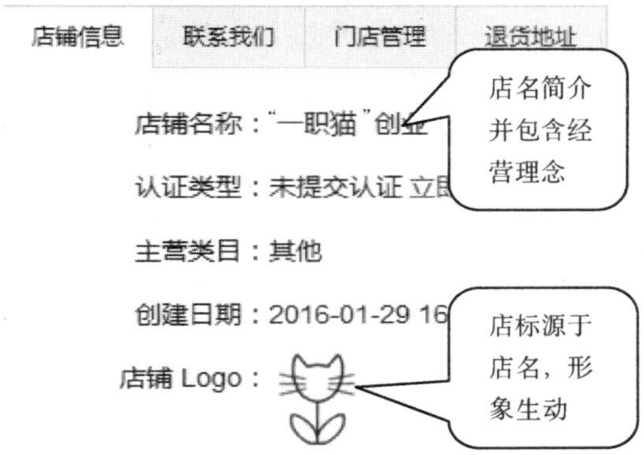

图 4－1　“一职猫”创业店铺信息页

图4－2　“一职猫”店铺二维码名片

步骤二　装修微店店铺

何云亮团队了解到微店页面装修包含了整个店面的装修内容，即店铺首页装修、宝贝分类页面装修以及宝贝详情页面装修等，根据各自的岗位分工决定由沈明的技术部将“海之家”装修成有品味、有特色的微店。

一、装修微店店铺

对于起步阶段的商家，很多人更偏向利用免费的“微店”来开店，而微店的装修相对于有赞微商城来说会显得更加简单，接下来就详解一下微店装修的步骤：

（1）将设计好的LOGO、店招、封面等图像存到手机（见图4－3）。

（2）打开手机微店APP，点击“我的微店”按钮，进入微店管理界面（见图4－4）。

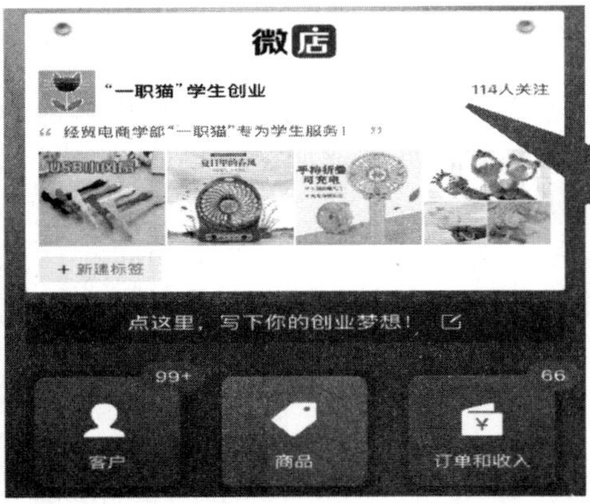

图4－3　微店主界面

图4－4　微店管理界面

（3）点击“店铺名片”编辑按钮，进入店铺管理界面（见图4－5）。在本界面可以设置LOGO、店名、店铺公告、推荐商品封面等项目，设置好的项目如图4－6所示。

图4－5　店铺管理界面

图4－6　店铺资料界面

（4）点击“打理店铺”按钮，进入“自定义装修”界面（见图4－7）。在本界面可以设置店铺信息和排版等内容，通过“插入”按钮可以插入店铺形象、导航、广告、推荐商品、内容模块等项目，见图4－8。

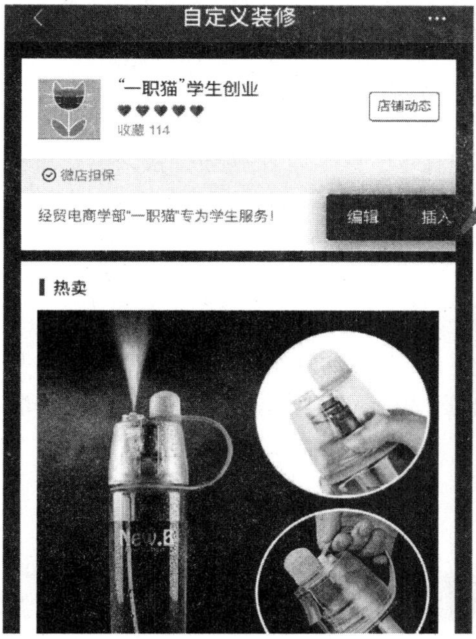

图4－7　自定义装修界面

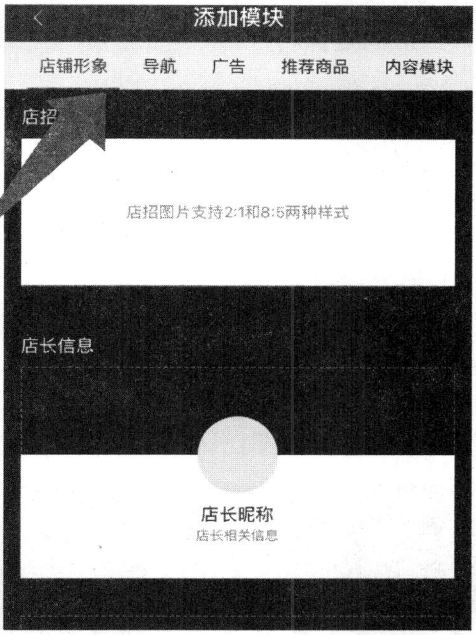

图4－8　微店添加模板界面

（5）点击“装修市场”按钮，进入“店铺装修”界面（见图4－9）。在本界面可以选购模板、素材、页面、菜单等店铺信息。如果要直接进入“个人店铺装修”，可以直接点击“店铺名片”右侧的“编辑”按钮，效果如图4－10所示。

图4－9　店铺装修界面

图4－10　店铺装修界面——个人店铺装修

【温馨提示】在装修市场中有现成的模板，可以直接进入模板市场中进行选购。大部分模板都是收费的，免费的模板比较少。当然，一般使用默认模板进行精心装修也能有别出心裁的寓意。

微店的装修相对来说比较简洁，一般在手机上就可以完成设置，是一个非常实用的移动微商 APP，较为适合新微商使用。

二、装修有赞微商城店铺

由于有赞微商城强大的综合管理功能和各种有效的接口，使其拥有强大的扩展能力，非常适用于成熟阶段的商家开设店铺。

（一）装修店铺首页

根据对消费者消费行为的调查分析，消费者都希望通过店铺首页就能直接了解店铺的主营商品和信誉度，因此要想使自己的店铺引人注目，店铺首页的装修十分重要。

我们已经了解了店铺首页装修前的两大要素：店名和店标。图 4－11 是“一职猫”微店店铺首页的二段式效果图。

图 4－11 “一职猫”店铺首页二段式效果图

店铺首页装修要点如下：

1. 店标和店名的颜色与店铺首页的协调性。
2. 店铺首页的广告位是否突显？
3. 店铺公告对店铺主营商品的介绍是否明了？
4. 商品分类栏是否明显？与页面的导航是否有效？
5. 店铺搜索栏是否明显？
6. 近期活动是否醒目？

7. 商品分类栏是否有最新商品展示?

以上是店铺首页装修方面的要点，我们就这些要点和店铺首页图做分析（见图4－12）。

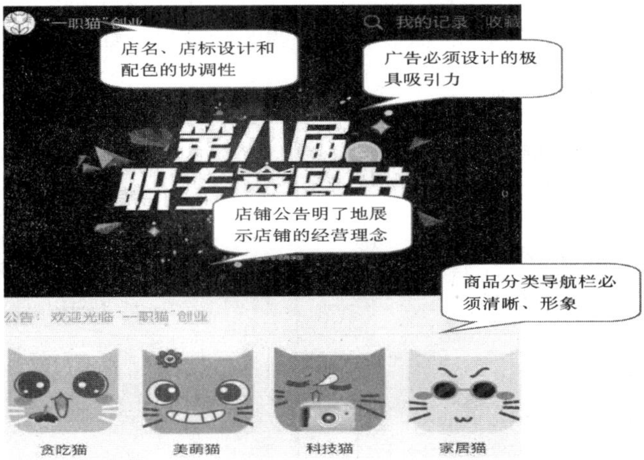

图4－12 "一职猫"店铺首页

从图4－12我们可以看到左上角的店名和店标的效果，能生动地匹配下方的商品分类导航栏。广告区位置占据了屏幕的1/2容量，其内容和色调的搭配非常具有吸引力且主题突出，如果此时有多个活动也可以把广告区做成滚动图片的形式，会更加富有动感效果。

接下来是店铺公告，把公告牌放在广告区下面能让消费者在大部分视角被广告区吸引的同时浏览公告牌的内容，从而了解店铺的营销理念或最新活动公告。

最后是商品分类导航栏，其作用直接关系到消费者对店铺商品的检索途径，清晰的商品分类导航栏更具引导顾客消费的意义，且能帮助消费者节约寻找商品的时间，达到更高的订单成交率。

图4－13 "一职猫"店铺首页（搜索栏和爆款商品）

从图 4－13 中我们可以发现紧随商品分类导航栏下面的是醒目的“商品搜索栏”，其作用是方便消费者检索商品，装修店铺时必须保留搜索栏这一模块，位置也必须醒目。其下是店铺的爆款商品模块，爆款需要结合事件营销，也可以在广告区同步展示，但是如果与店铺主题活动有较大区别时应分开展示，以获得更好的营销效果。如本案例中商贸节和限时体验日不是一个活动，因此应该分模块展示（见图 4－14）。

图 4－14 “一职猫”店铺首页（商品展示）

从图 4－14 我们可以了解到在有赞微商城店铺首页展示的是最新商品或者最热商品以引导消费者对商品的消费欲望。消费者在浏览店铺时往往从一开始有目的的消费到后期漫无目的的消费，因此引导型店铺的商品展示区对商品的促销作用极大。

（二）装修有赞微商城宝贝分类页面

布置好店铺首页之后就可以开始着手对宝贝分类页面的装修。宝贝分类主要根据店铺中宝贝的种类归属进行分类，清晰的宝贝分类可以让消费者更轻松地找到想要购买的商品，从而达成交易。图 4－15 为有赞微商城宝贝分类页面的截图，通过对截图的分析我们逐步了解宝贝分类页面的装修要点。

宝贝分类页面的设计主要包括商品属类和主营商品说明，分类广告区的设置一般用形象的图片告诉消费者本页面的商品种类或者促销活动。接下来的是宝贝展示列表，例如有赞微商城提供的是普通列表形式、小图形式及大小图交替的形式三种模板供选择，通过不同模版的使用能更清晰的展示宝贝，再加上商品列表右下角的“购物车”图标让消费者轻松实现购物。

图 4－15 "一职猫"宝贝分类页面

（三）装修有赞微商城宝贝详情页面

宝贝详情页是微店装修的基础和关键，每个宝贝添加都要涉及宝贝详情页的制作，为了突出店铺的个性化，在设计宝贝详情页时可以把店铺的特色做成"自定义模块"，从而实现宝贝详情页个性化统一管理。图 4－16 所示为宝贝详情页截图。

观察页面截图可以看出店铺的色调和标题版式的设计性很强，通常店铺还会添加店铺售后、退换货流程以及联系方式等页脚说明，这些内容都可以设计成"自定义模块"，以备后期在宝贝详情页中添加。

图 4－16 “一职猫”宝贝详情页面截图

知识加油站

宝贝主图——宝贝详情页的脸

主图是宝贝的“脸”，详细描述是宝贝的“着装”。买家通常先看主图，再看宝贝详情，如果脸蛋漂亮，才可能看着装，因而宝贝主图很大因素上决定了交易的成功率。

一、主图要有吸引力

主图就是宝贝的脸面，它在吸引买家眼球时发挥着重要的作用，因此对主图的设计要下大功夫。

（一）主图的脸，要五官端正

主图应该是一个全景图，最好是实拍的全景图，这样可以让顾客更快地了解商品的整体（见图 4－17）。

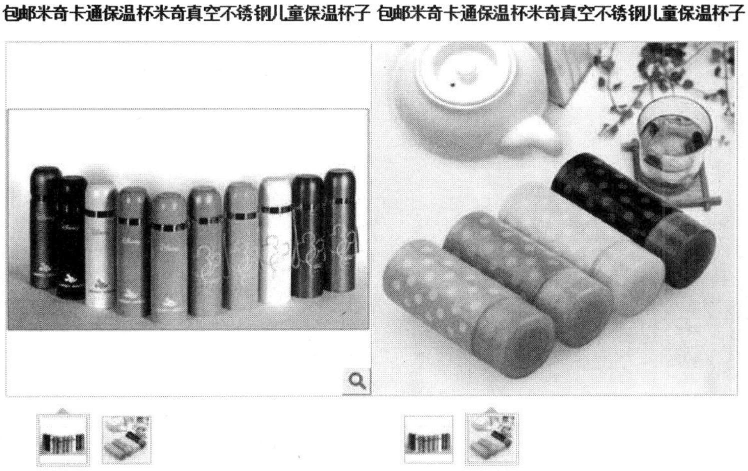

图 4－17　不同大小主图

如图 4－17 所示，左图相比右图显得极其随意，让人感觉宝贝很普通。因此在设计主图时不仅要重视实拍效果，更要符合不同微商平台的参数要求，这样才能使主图更加精美。

（二）主图要干净

有很多人为了突出个性或者促销信息，在主图上放了很多信息，最终却给人一种邋遢的感觉，如图 4－18 所示就是一种“乱涂脂粉”的错误举措。

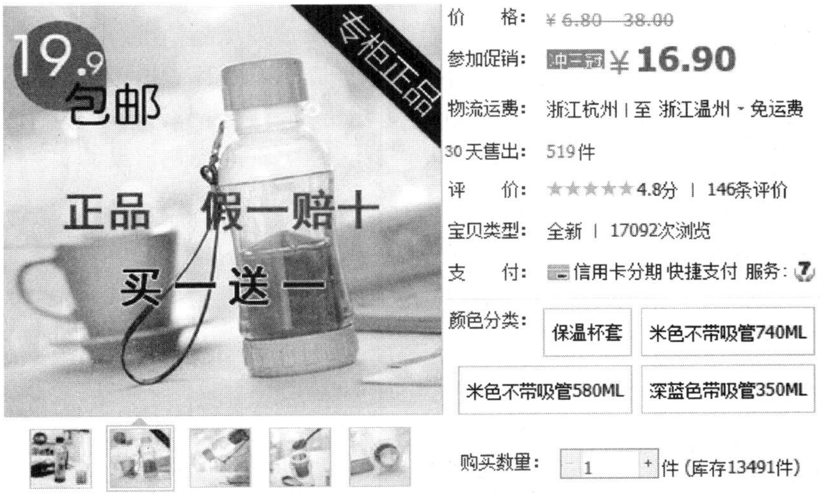

图 4－18　排版混乱主图

这个案例就是一个“脸不干净”的问题，在主图中文字排列不美观，会导致排版不精细的问题。同样有些时候太过精细，每一寸位置都放上东西也是不合理的，因此在设计主图时要注意文本和图片的排版要得当。

二、让主图更吸引眼球

既然主图是宝贝的脸蛋，那如何让脸蛋更漂亮、更具吸引力就变得十分迫切，因此如何对主图进行装点就是一门技巧。装点的办法通常就是在主图上添加文字或图形点缀。

图 4－19　修饰主图对比

如图 4－19 所示，相比右图，左图用“包邮”和“正品行货”的图案做修饰，营销点显得更加醒目，增加了顾客的点击率。

通过对主图的设计和修饰，更好地打扮宝贝的脸蛋，对微店商品的销售起到了积极的作用，这就是宝贝主图的根本作用所在。

步骤三　美化商品图片

装修完微店店铺之后就可以开始上传商品了，其中涉及商品拍摄。商品拍摄或多或少需要卖家自主拍摄，但由于拍摄技术和拍摄环境的影响，宝贝照片的拍摄效果总会存在一些硬伤（如图 4－20 所示，宝贝的色调偏暗），这些硬伤会引起消费者与卖家之间的争执，因此，宝贝图片在上传到微店之前最好经过修正处理，以更好地反映宝贝的实际效果。

图 4－20　宝贝原图

用 Photoshop 处理图片是比较专业的，可以对图片进行深层次的后期处理，以下我们介绍 Photoshop 常用的图片后期处理方法。

一、调整色彩和亮度

色彩和亮度决定了照片的成像效果，由于曝光和光效的问题常常会导致宝贝照片曝光或色彩平衡不正确的问题，需要通过 Photoshop 来对图片进行调整，以保证宝贝照片的最佳呈现效果。下面就以“海之家”微店中宝贝照片的处理为例来讲解照片调整的流程。

1. 双击 Photoshop CS3 软件，打开软件界面（见图 4－21）。

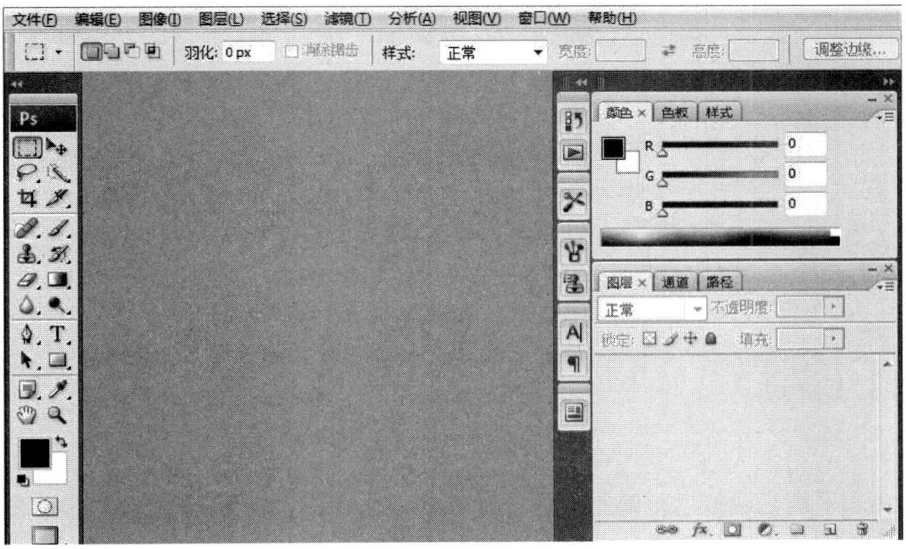

图 4－21　Photoshop 软件界面

2. 单击“文件”菜单，选择“打开”命令，弹出“打开”对话框（见图 4－22）。

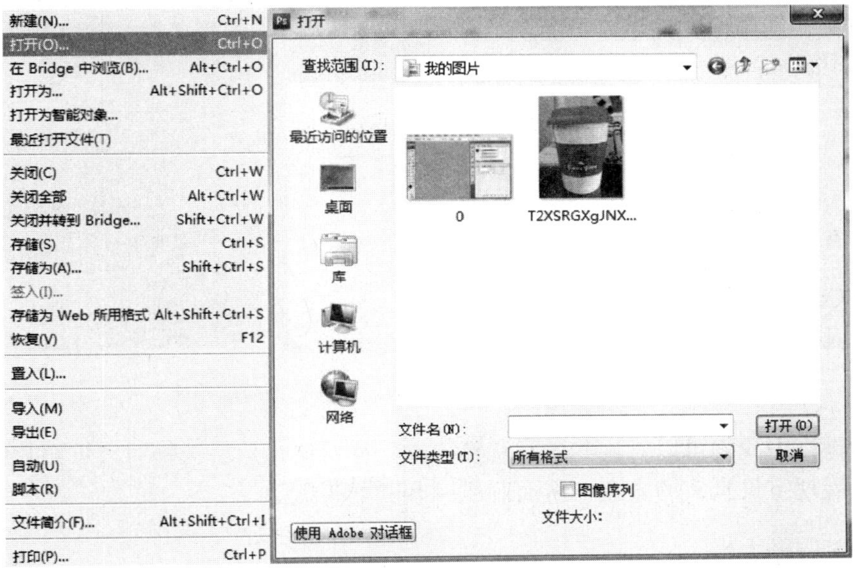

图 4－22　“打开”对话框

3. 打开目标文件后，即可开始选择调整内容，例如：色彩平衡、色相/饱和度、色阶和曲线等调整项。单击“图像”菜单，选择下拉菜单中的“调整”子选项，在弹出的子菜单中选择相关子选项，如图 4－23 所示① [色阶]、② [色彩平衡]、③ [亮度/对比度]、④ [色相/饱和度]，本书以色彩平衡为例。

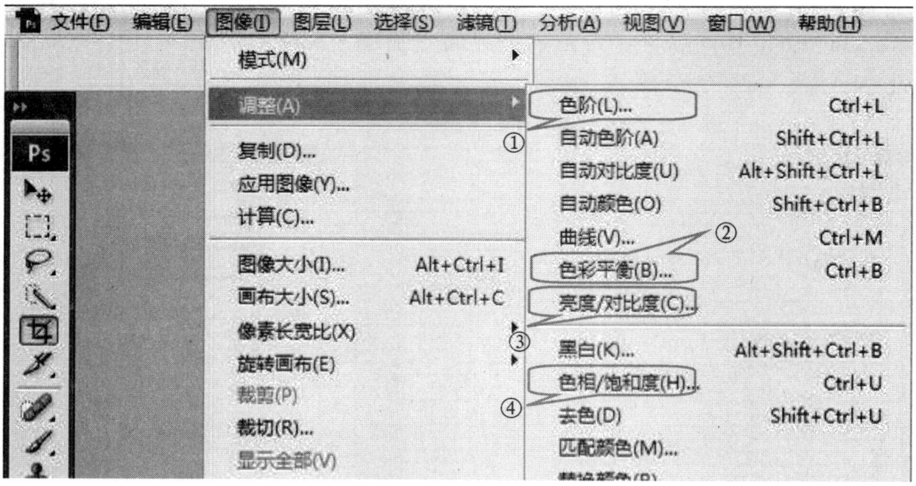

图 4－23　图像调整子选项

（4）色彩平衡是调整色彩偏差最简单有效的方法，该命令根据颜色的补色原理对图像的颜色进行调整。色彩平衡命令可以用来调整图像的颜色分布，使图像整体达到色彩平衡（见图 4－24）。

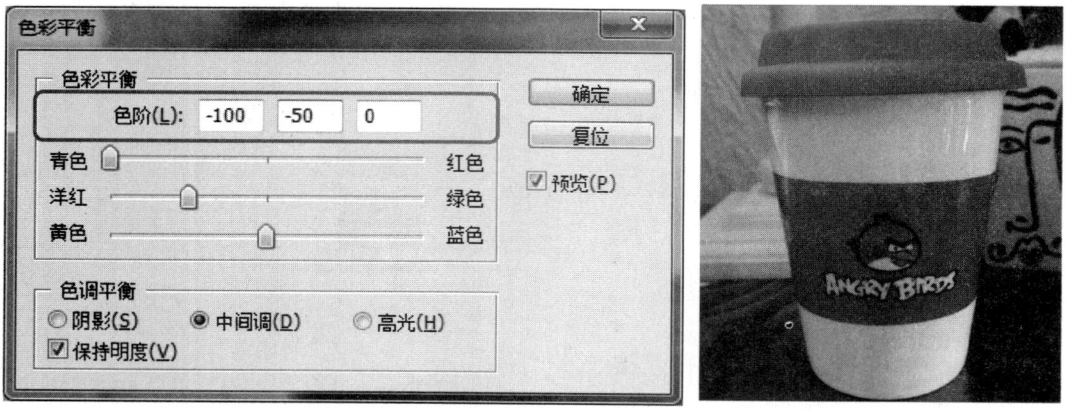

图 4－24　色彩平衡处理参数设置和处理后的图像

在实际操作中我们可以对这些色彩调整项做一些对比，然后选择对宝贝照片处理效果最佳的方案，展现宝贝真实的卖点，从而刺激顾客的购买欲望。

二、调整图像大小

由于网络速度、空间大小的限制，要求上传到微店的照片文件大小往往比我们拍摄出来的要小很多，因此在上传宝贝图片之前要对照片大小做一些调整，以符合微店的要求。

利用 Photoshop 可以调整图像大小和分辨率。在一般情况下，印刷用的图像采用 300dpi，而普通的显示图像采用 72dpi。

1. 双击 Photoshop CS3 软件，打开软件界面，单击“文件”菜单，在下拉菜单中选择“打开”命令，在“打开”对话框中选择目标图片，并打开图片。

2. 执行“图像”/“图像大小”菜单命令，弹出“图像大小”对话框。在对话框中显示了当前照片的像素大小和分辨率等信息，注意将单位调整为像素。

3. 在“高度”和“宽度”文本框中输入照片调整后的新尺寸，如图 4－25 所示，要注意约束照片比例才能保证图片不变形，最后单击“确定”按钮完成设置。

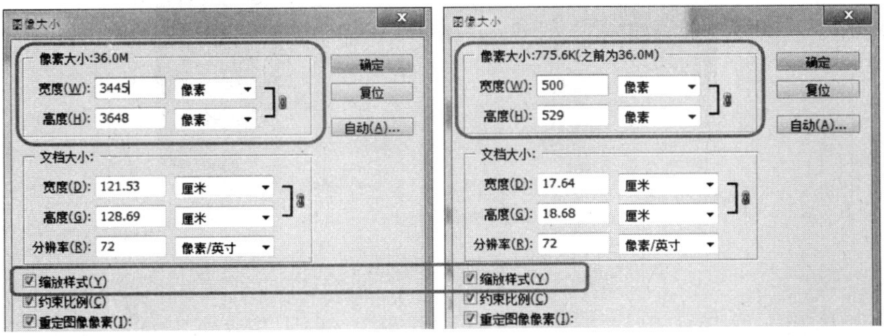

图 4－25　图像大小调整前后示意图

三、调整图像角度

有时拍摄宝贝照片时会因为各种原因而不能精确把握拍摄的水平线，导致拍摄出的照片是倾斜的，通过调整宝贝的角度，可以既保持宝贝的水平度又不会改变宝贝的拍摄构图。

1. 打开 Photoshop CS3 软件，单击“文件”菜单，在下拉菜单中选择“打开”命令，在“打开”对话框中选择目标图片，并打开图片。

2. 在“工具箱”菜单中单击“标尺工具”按钮，在倾斜的照片中沿着目标水平线拖曳出水平的度量线，如图 4－26 所示的①［标尺工具］和②［基准线］。

图 4－26　添加标尺

3. 执行“图像”/“图像旋转”/“任意角度”命令，弹出“旋转画布”对话框（见图4－27）。在对话框中调整校正角度，单击“确定”按钮，完成角度调整操作。

图4－27　图像旋转

4. 在“工具箱”菜单中单击“裁剪工具”按钮，使用“裁剪工具”在图像中拖曳出有效区域进行裁剪，完成照片的后期处理。

四、美化图片背景

对于照片中的杂点，可以采用相似填补的方法进行修补，如“仿制图章”工具和“修补工具”等，达到修正图片的效果，本书以“仿制图章”为例进行讲解。

1. 打开 Photoshop CS3 软件，单击“文件”菜单，在下拉菜单中选择“打开”命令，在“打开”对话框中选择目标图片，并打开图片。

2. 利用［Ctrl］和［+］组合键放大“污点背景”区域，如图4－28所示。

图4－28　放大“污点背景”图像区域

3. 在“工具箱”菜单中选择“仿制图章”工具，按住［Alt］键单击需要修正区域的周边相似位置（注意调整笔触大小），如图 4－29 所示。

图 4－29　选择仿制图章源

4. 放开［Alt］键，涂抹杂点，完成修正杂色的操作，最后确认并保存图片，效果如图 4－30 所示。

图 4－30　修饰后效果

五、添加水印

微店中同类商品漂亮的图片总会被人剽窃，这是很令人头痛的事情，如果在宝贝照片上添加一些水印，这样照片就无法被剽窃了。

1. 打开 Photoshop CS3 软件，单击“文件”菜单，在下拉菜单中选择“打开”命令，在“打开”对话框中选择宝贝照片和水印照片，同时打开两张图片。

2. 单击“工具箱”菜单中的“移动工具”命令，把 Logo 加载到目标宝贝照片的上一层，如图 4－31 所示。

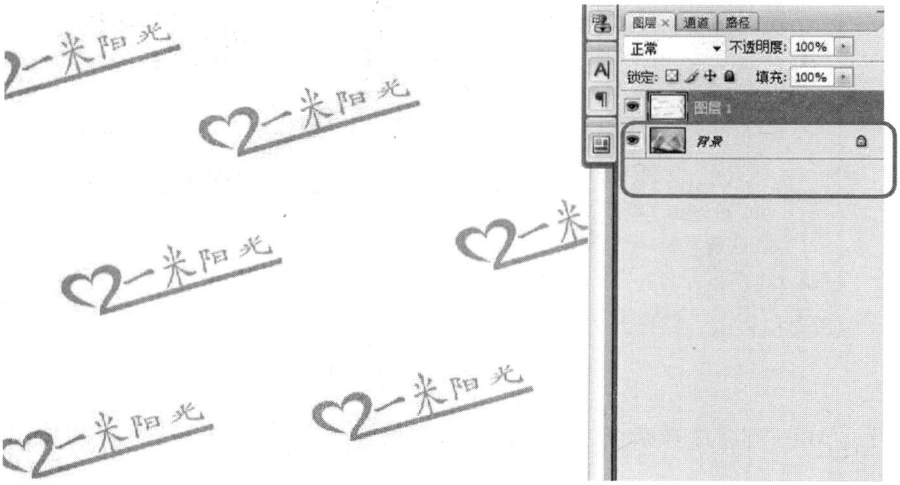

图 4－31　加载水印图

3. 单击“图层”面板，调整“混合模式”属性，选择恰当的混合选项和不透明度，如：变暗、正片叠底、颜色加深等几个选项，如图 4－32 所示。

图 4－32　调整水印效果

4. 最后按［Ctrl＋S］组合键完成保存工作，网络一般使用 Jpeg、Png 和 Gif 格式的图像文件。

制作水印时通常设计成微店店名或微店 LOGO，具体效果需在实际微店开设中进行测试和制作。

知识加油站

搭建摄影棚

摄影棚是拍摄内景的主要场所，根据商品、环境的不同，摄影棚的购置也不尽相同，但总体上来说都需要购置数码相机、摄影灯以及一些必要的摄影附件，如图 4－33 所示。

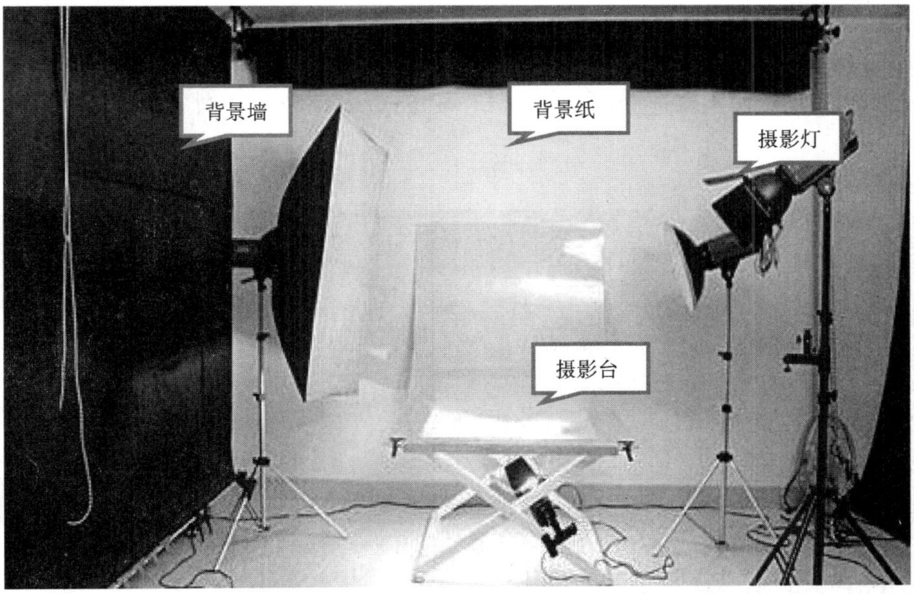

图 4－33　摄影棚全景

商品拍摄包括室内拍摄和室外拍摄，由于室外拍摄受外部因素影响较大，如天气、光线、环境等，因此大部分商品会选择室内拍摄，所以装修摄影棚在微店开设中显得极其重要。

如图 4－33 所示，摄影棚的购置除了灯具和数码相机外，室内装修大致集中在墙壁、背景以及通风等因素上。简搭摄影棚布置可以比较简单，可以选择深色布料（遮光和吸光）布置四周墙壁，保证室内不会受室外光线的影响。

其次是拍摄背景，拍摄背景一般是纯色的，可以根据微店的商品性质和材质选择背景纸的颜色。

再次是物品放置台，其作用和背景纸类似，用于拍摄小型商品，一般选择白色的放置台。在拍摄时必须先擦拭干净，保证背景的整洁。

最后是灯具的选择和数码相机的选择，灯具的选购要根据网店商品的材质选购相应数量的摄影灯。

摄影棚布置完毕后，在使用中要注意环境维护，特别是一些鞋类物品的拍摄往往会影响空气，因此摄影棚也要注意通风和湿度的控制。同时，摄影棚的灯具都是大功率电器，在布置电路的时候要注意用电的负荷，保证拍摄安全。

步骤四　上架店铺商品

装修好微店铺之后就可以开始上架店铺商品了。本书以微店和有赞微商城为例，来讲解店铺商品的上架操作。

一、微店商品上架

新手商家在开设微店时推荐选择免费且开设门槛低的微店 APP，这款 APP 非常适合学生创业以及兼职人员的创业尝试，且需要的材料较为简便。

1. 打开浏览器，输入网址 https：//www. weidian. com/进入“微店官网”（见图 4－34）。

图 4－34　微店官网首页

2. 输入登录信息：注册的手机号、密码，点击“登录”按钮跳转到微店商家“后台管理”页面（见图 4－35）。

图 4 – 35　微店商家“后台管理”页面

3. 进入商家“后台管理”页面之后，点击左侧导航栏的“商品管理”按钮，进入“商品管理”页面（见图 4 – 36），点击“添加商品”按钮，跳转到“添加商品”页面。

图 4 – 36　“商品管理”页面

4. 进入“添加商品”页面后，输入商品详情，具体参数请参考上传时官方给出的参数，再把已经美化处理的商品照片进行上传操作（见图 4 – 37）。

图 4－37　商品编辑页面（1）

5. 编辑完成后，点击“上架出售”按钮，完成商品的上架操作（见图 4－38）。

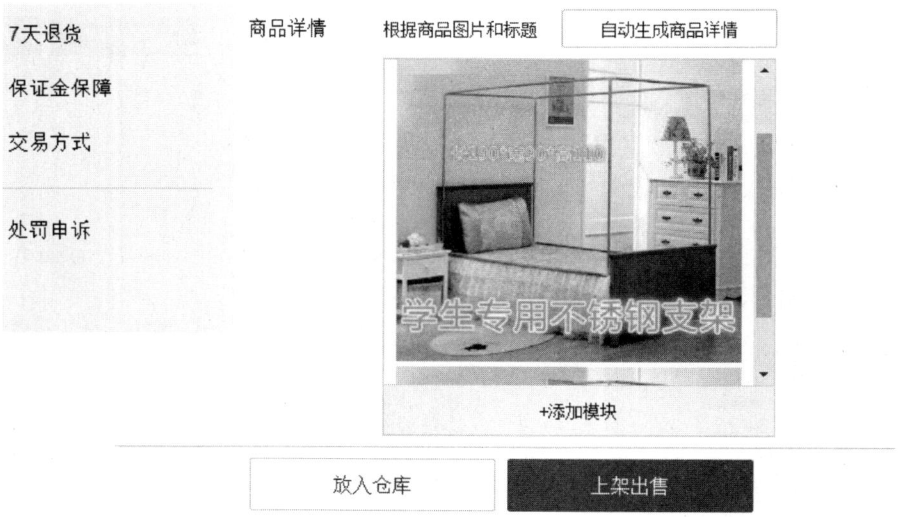

图 4－38　商品编辑页面（2）

为了简化操作，更为了提高详情页的美观度，一般把详情页的文字也做成图片的形式，最后直接上传即可。

二、有赞微商城商品上架

有赞微商城有手机 APP，但在电脑上进行操作会更方便，如果上架商品较多建议使用电脑进行微店铺管理。有赞微商城对浏览器是有要求的，Windows10 以下操作系统请使用谷歌浏览器，Windows10 及以上可以使用自带 Edge 浏览器，当然也可以采用第三方基于 Chrome 内核的浏览器。

1. 打开浏览器，输入网址 https：//www. youzan. com 进入“有赞微商城”（见图 4－39）。

图 4－39 有赞微商城首页

2. 点击有赞微商城右上角的“商家登录”按钮，进入登录页面，并输入登录信息：注册的手机号、密码以及验证码（见图 4－40）。

图 4－40 商家登录页面

3. 进入商家管理页面之后，点击上面导航栏的“商品”超链接按钮，进入商品管理页面（见图 4－41）。

图 4－41 商品管理页面

4. 点击“发布商品”按钮，进入商品发布界面，根据每次步骤相关操作提示进行操作，并进行商品详情的输入，具体请参考上传时官方给出的参数，再把已经美化处理的商品照片进行上传操作（见图 4－42、图 4－43）。

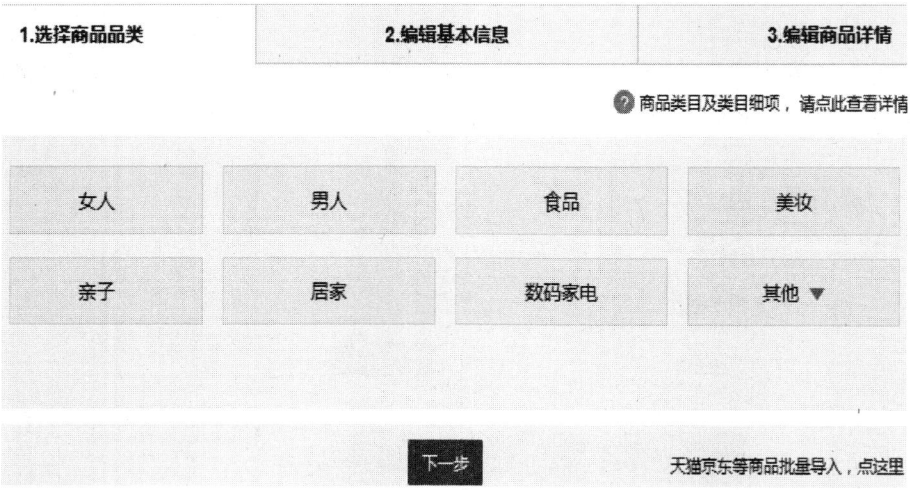

图 4－42 选择商品类目

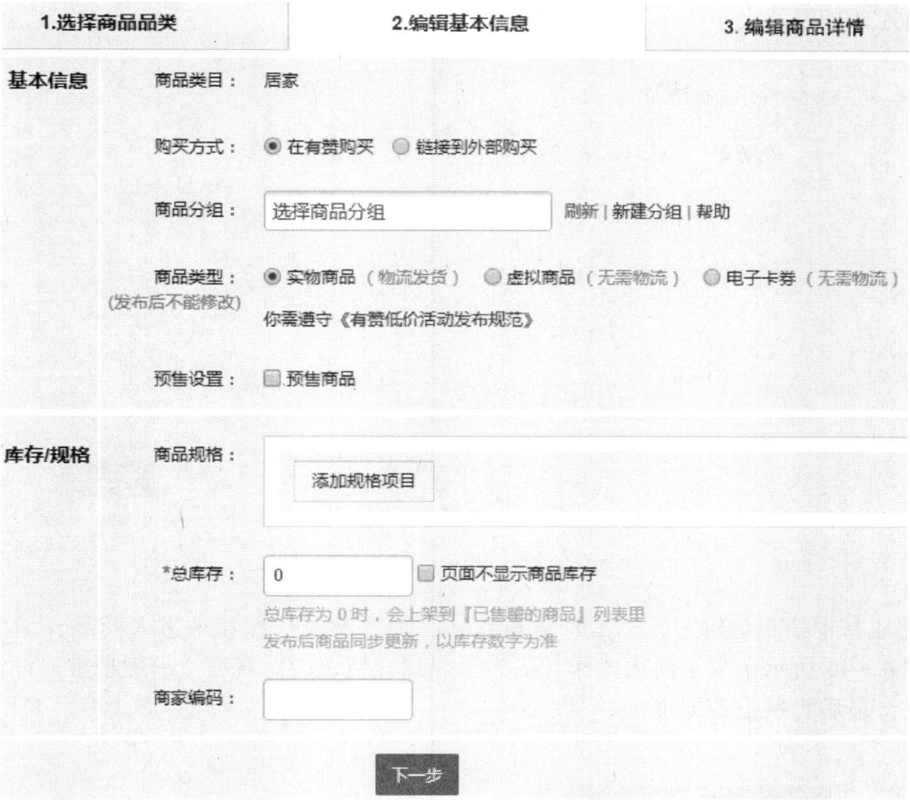

图 4 – 43 编辑商品基本信息

5. 上传图片时会弹出“图片上传”选择框（见图 4 – 44），上传方式包含用过的图片和新图片，建议图片命名为店铺的编排格式，以便照片筛选。

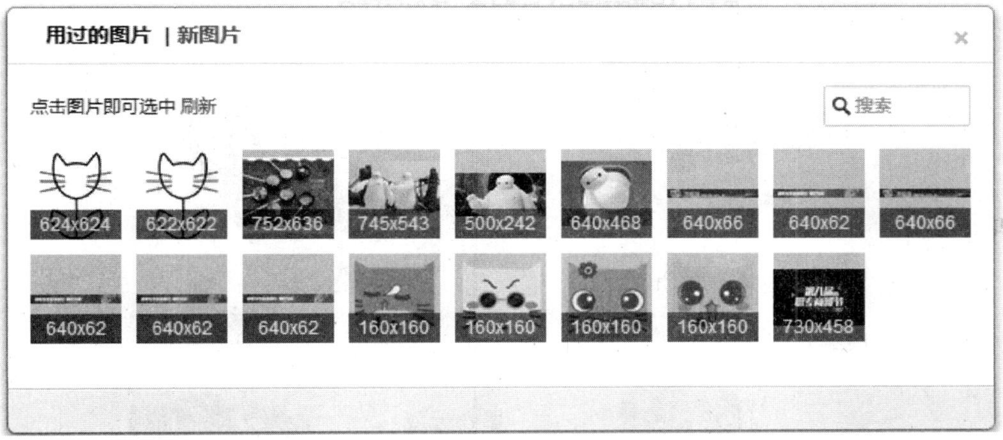

图 4 – 44 照片上传截图（1）

6. 点击“新图片”超链接按钮，打开“上传新图片”窗口。新图片可以选择网络图片和本地图片并且图片大小小于1MB（见图4－45）。

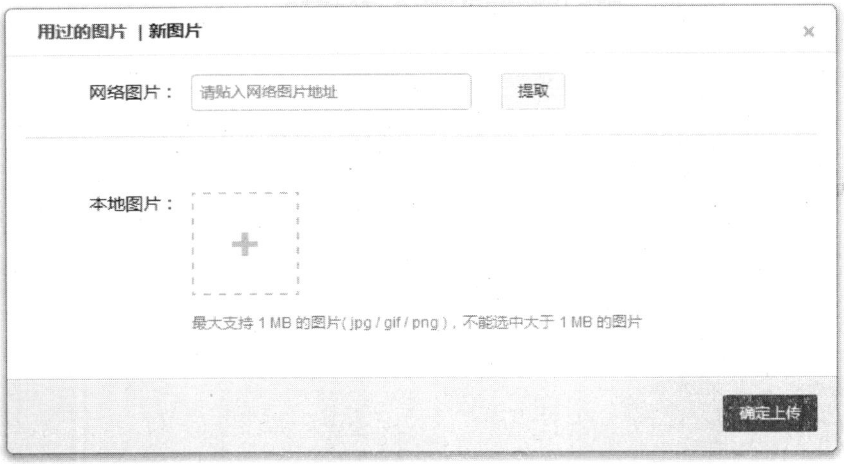

图4－45　照片上传截图（2）

7. 完成基本信息编辑后，点击“编辑商品详情”超链接按钮，进入商品详情的编辑页面，如图4－46所示，为了简化操作，更为了提高详情页的美观度，一般把宝贝详情做成图片的形式，最后直接上传即可。

图4－46　宝贝详情编辑

8. 最后点击“上架”按钮，完成宝贝的上架操作。为了查看宝贝详情是否完善，可以点击“预览”按钮进行预览（见图4－47）。

图4－47　宝贝详情页预览界面

到此，已经完成了整个有赞微商城微店的装修和宝贝上传，整个微店也可以正常上线了。

触类旁通

进货渠道的开通

我们在开设微店铺的时候不仅仅可售卖我们自己的商品，也可以从其他渠道（分销市场）进行进货销售。通过有赞微商城的“进货市场”进货并进行销售的步骤如下：

1. 在有赞微商城商家管理页面中点击导航栏的“商品”超链接按钮，进入商品管理页面，如图4－48所示。

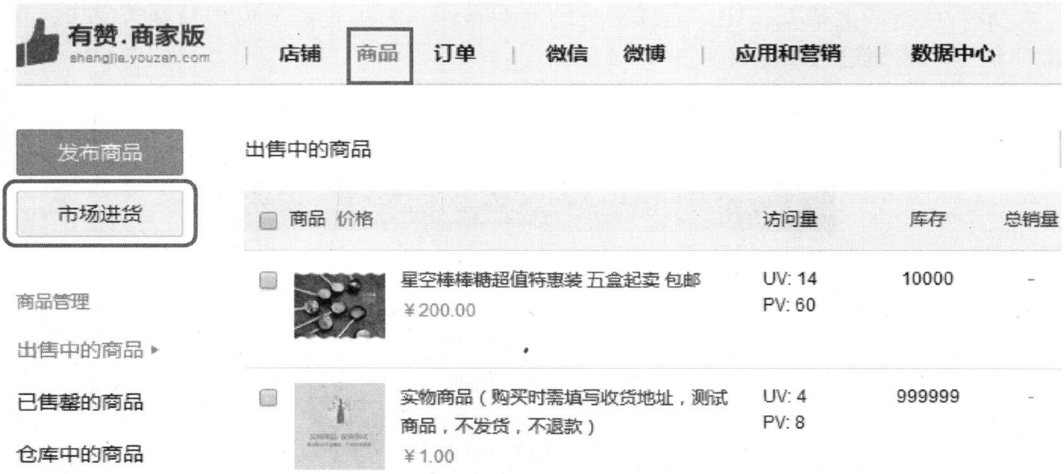

图4－48　有赞微商城商品管理页面

2. 点击商品管理页面中的“市场进货”按钮，进入进货市场页面，如图4－49所示。

图4－49　进货市场页面

3. 选择要进的货物，点击后可以进入商品详情页面，并进行上架或添加到仓库的操作（见图4－50）。

图4－50　商品详情页面

4. 点击“上架到店铺”或者“添加到仓库”按钮，会弹出“入驻协议”窗口，同意入驻协议之后进行添加商品的操作，最后完成商品的上架操作。

到此，何云亮学习了有赞微商城的进货市场操作，当想要开店但是却没有自己商品的时候，这是个很好的方式，可以尝试一下。让我们踏上自主创业之旅吧。

实战训练

现在何云亮的微店“海之家”准备正式上线运营了，请你根据实训要求和课堂的讲解，利用所掌握的知识帮助何云亮进行微店装修和商品上架。

1. 设置微店的基本信息，装修整套微店页面；

2. 选取一种“一职猫”创业平台的商品，并通过 Photoshop CS3 软件对商品图片进行个性化定制处理，水印内容为店名；

3. 对处理后的商品进行信息编辑并完成上架操作。

任务五　销售流程与订单管理

【任务要点】

◆ 关键词：二维码、销售流程、订单管理

◆ 知识要求：熟悉微店购物流程，了解订单管理中的各类订单特性，并能按需求处理订单

◆ 技能要求：掌握微店的运营和店铺管理，能引导顾客在微店购物，掌握订单管理的方法

任务情境

“海之家”试营运期间，何云亮碰到了很多来店咨询如何在微店里下单购买的顾客，顾客不知道如何下单，对“海之家”的营业额造成了巨大的影响。所以何云亮找来客服李慧，两人一起商讨，准备借鉴“一职猫”学生创业平台的方法，通过二维码和简明清晰的流程图，方便顾客很快找到店铺入口，完成下单购物。

任务分析

作为商家必须熟悉微店的销售流程和订单管理，只有这样，商家才能为顾客提供更优质的服务，同时也能更好地推广店铺。“一职猫”学生创业平台就是搭建在微店和有赞微商城平台之上的，下面以这两个平台为例，讲解一下销售流程和订单管理的操作过程。

任务实施

作为“海之家”的一员，何云亮和每一位小伙伴都希望生意兴隆、财源广进，他知道，要想达到目标，做好销售流程和订单管理，是销售中的重中之重。

步骤一 创建店铺入口

何云亮知道在茫茫商铺中，如何让顾客准确无误地找到自己的“海之家”，对于微店运营来说是一件很重要的事情，他和李慧体验了“一职猫”学生创业平台的大白钥匙扣下单购买流程：只要拿起手机扫一扫大白钥匙扣的二维码，就能准确地跳至大白钥匙扣的宝贝详情页面进行下单购买，非常便捷。

何云亮和李慧分析购买了大白钥匙扣的流程后总结：只要准确地分享“海之家”的二维码给顾客，顾客扫码后就可进入微店开始购物了。

一、找到微店入口

店铺二维码可以帮助顾客方便地进入店铺，是分享店铺的一个便捷通道。那么要如何让顾客找到微店的店铺二维码呢？

1. 首先下载“微店”APP，登录手机版微店，进入微店管理主界面安装（见图5－1）；
2. 点击微店下端的“二维码”菜单，获取店铺二维码（见图5－2）；
3. 下载或分享店铺二维码给朋友或者朋友圈，顾客就可以顺利地进入店铺进行购物了。

图 5－1　微店管理主界面　　　　图 5－2　微店二维码

二、找到有赞微商城的入口

对于有赞微商城有手机 APP 和电脑版两种方式可供选择：

方法一：分享有赞微商城店铺

手机微信打开自己的有赞微商城店铺，点击右上角“分享”按钮，如图 5－3 所示，还可以写一些商家或消费者想说的话，分享到朋友圈或直接发送给朋友。

图 5－3　分享店铺

微信之中的流量80%来自朋友圈，可见朋友圈营销已经成为微信营销的一个极其重要的营销推广渠道。

方法二：扫描店铺二维码进入微商城

首先登录电脑有赞商家版页面，进入“店铺”/“微页面杂志”，找到“店铺主页”下的“微页面”，下载二维码，就可以分享给买家，让顾客找到店铺了，如图5－4所示。

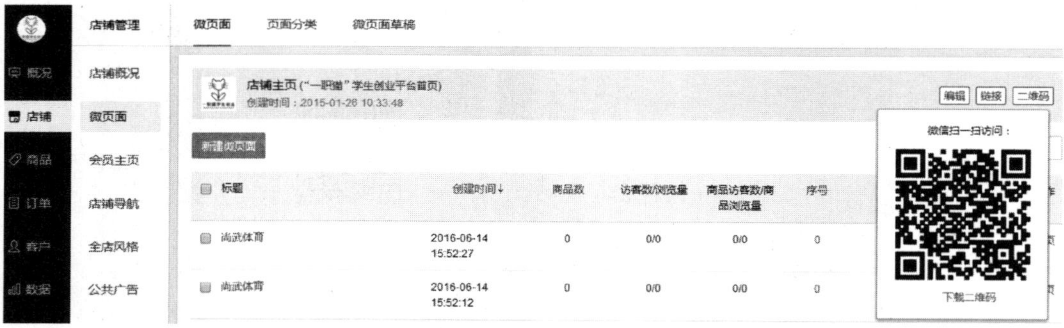

图5－4　点击“下载二维码”

知识加油站

商品二维码的使用推广

同店铺二维码一样，商品二维码可以帮买家实现扫码购物，同时也是买家预览商品并分享商品的一个便捷通道。那么商品二维码在哪里呢？

按照如下步骤进行操作：登录有赞商家版后台，“商品”/“商品列表”/“推广商品”，如图5－5所示。

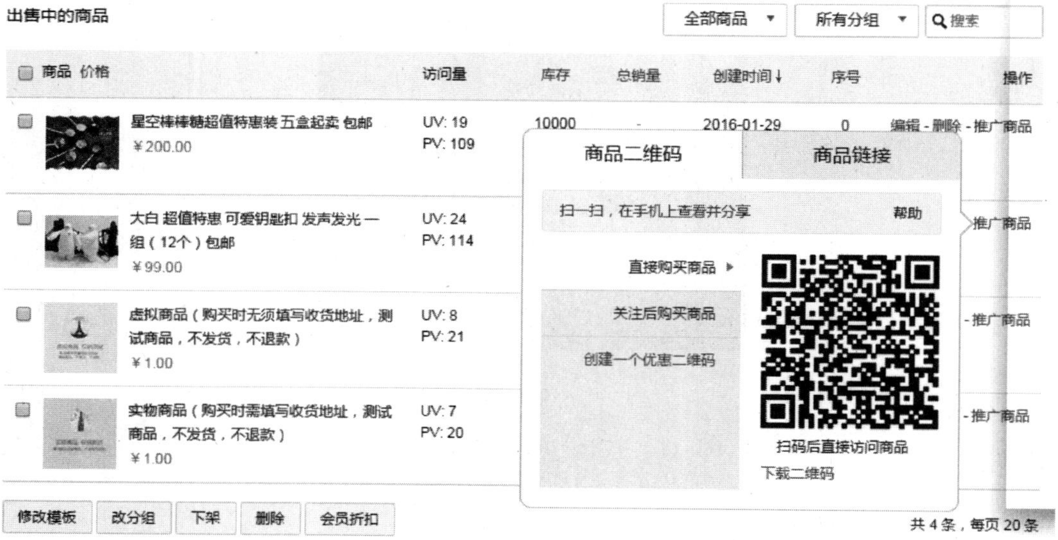

图5－5　商品二维码

有赞平台的每一件商品都会自动生成一个永久二维码（删除商品后失效），以方便卖家下载该商品二维码，下载或者印刷二维码然后张贴到需要用的地方，以便于买家快速扫码购买。买家扫描该二维码后，就可以直接打开商品页面，完成快速下单购买。

如果你的微信公众号是通过微信认证的服务号，那么通过有赞微商城创建的每一件商品，都会生成一个带参数的商品二维码。每个商品创建后都有单独的二维码，创建好的商品无论商品内容如何修改，二维码也不会变更。如果删除该商品，则商品二维码将被一起删除，无法再找回。因此删除商品务必慎重，以免造成不必要的损失。

买家扫描商品二维码后，会引导他们先关注你的微信公众号，并收到该商品的图文推送，促使买家点击下单购买。

卖家还可针对商品设置多个扫码优惠，并可获得商户设定的折扣或减价金额。对于已设置好的折扣或减价金额，卖家后期也可继续自由调整，无须更换新的二维码。

这里需要注意的是：认证的公众服务号带有参数二维码的功能，在扫码优惠的同时还可设置引导关注。其他类型公众号可实现扫码优惠，但无法引导关注，如图5-6所示。

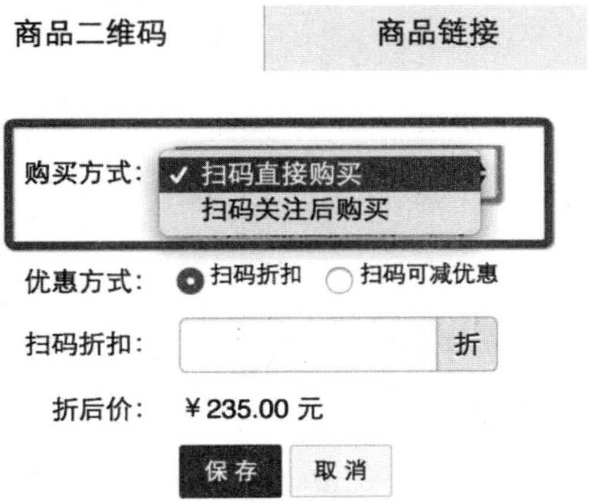

图5-6 商品优惠二维码的设置

步骤二 认知购买流程

微店购物如同淘宝购物一样，只要是在快递物流公司配送范围内的，填写核对好收货地址，就能收到心仪的商品了。

一、微店顾客的商品购买流程

（一）填写收货地址

顾客通过扫码进入微店选择商品后，点击“立即购买”按钮，填写收货人信息（见

图 5－7)。如果顾客是初次在微店购买商品，需要在“新建收货地址”选项框中填写相关信息，如图 5－8 所示。

图 5－7　微店填写收货地址

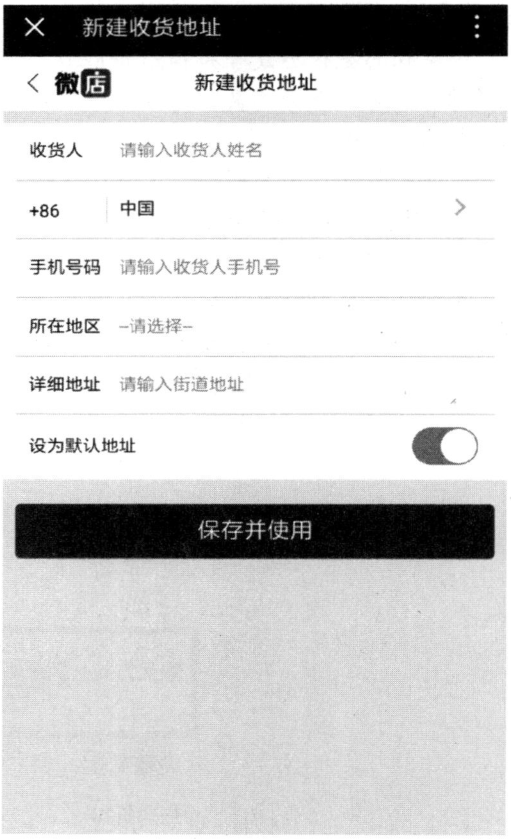

图 5－8　微店新建收货地址页面

顾客填写完收件人信息，之后的购物就不需要再次填写了。

在顾客下单结束后，身为一名有专业素养的微商，往往都要再次私信顾客，确认顾客的收件信息和联系方式。

（二）支付结算

在填写好收获地址后，买家就可以进入支付的环节。在如图 5－9 所示的微店安全支付页面中，需要选择支付方式。

图 5－9　微店安全支付页面

在输入个人支付密码完成支付后，消费者就可以看到“支付成功”的提示，表明购物已经下单并支付成功。此时可以通知微店客服，准备发货了（见图 5－10）。

图 5－10　订单支付成功

（三）确认收货

在“海之家”的日常客服服务中，客服李慧接到很多顾客的咨询。很多顾客都会困惑，在微店下单后，要如何查看订单或者是继续支付。

李慧和店主何云亮查找了各大微店相关帮助文件并咨询了“一职猫”创业平台的指导教师，总结了微店查找订单的方法：

1. 微信关注“微店”官方公众号，点击“我的订单”按钮（见图5-11）；

2. 在“我的订单”中可以查找到该微信号在微店的所有订单以及订单的状态，图5-12所示的为付款完但尚未发货的订单。

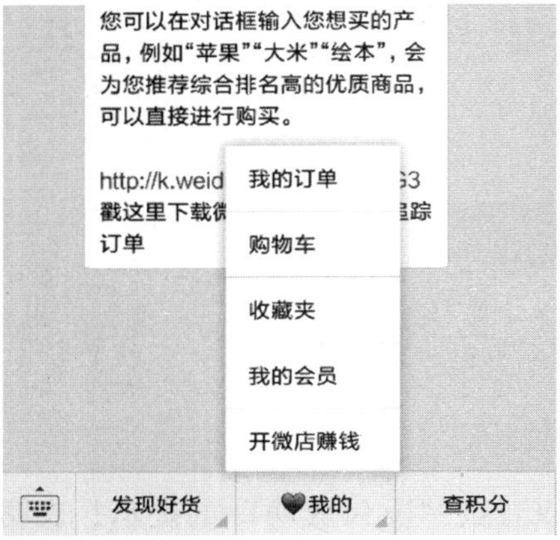

图5-11 微店服务号

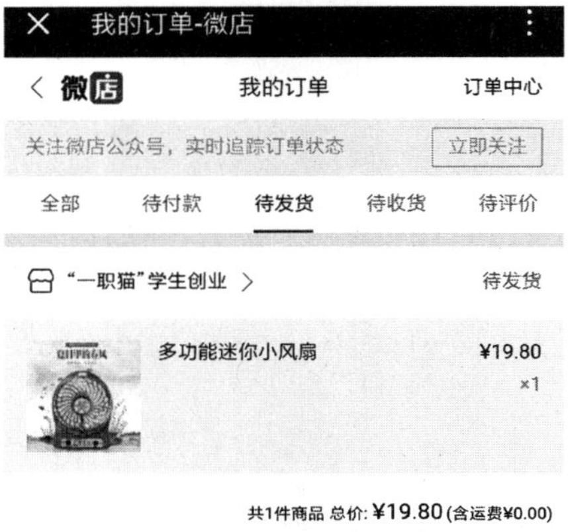

图5-12 “待发货”订单

（四）评价商品

买家在收到商品后，可以及时添加该商品的评价。

1. 点击“我的订单”按钮，在“待评价”页面中找到需要评价的商品订单。

2. 点击“我要评价”按钮，如实填写商品评价，如图5-13所示。

图5-13 “微店评价”页面

二、有赞微商城的商品购买流程

在有赞微商城中，销售流程和“微店”的销售流程是大致相似的。

（一）填写收货地址

在有赞微商城上填写收货地址和在微店中填写收货地址的方法是类似的。

如果买家是初次在微商城购买商品，则要在如图 5－14 所示的“添加收获地址”命令框中按照系统提示的步骤填写好相关信息。

图 5－14　添加收货地址

（二）支付结算

在有赞微商城中的订单支付，和微店店铺中的支付是类似的，如图 5－15 所示。

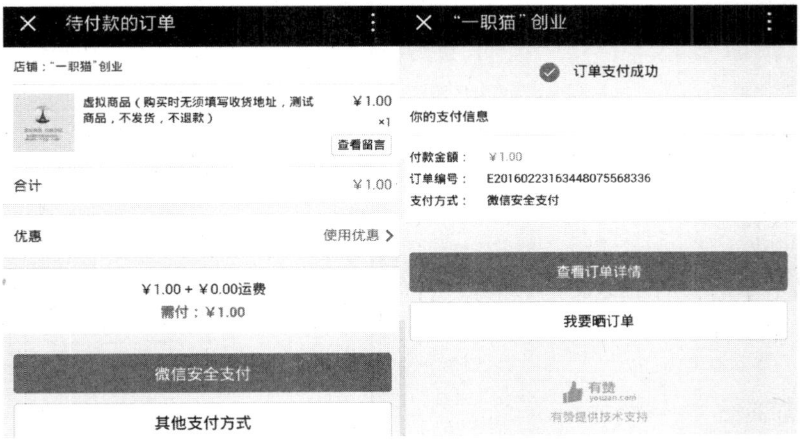

图 5－15　微信安全支付页面

（三）确认收货

当买家收到商品之后，店主或者客服可以提醒买家确认收货。具体步骤如下：

1. 关注店铺微信公众号。

2. 在如图5－16所示的“进入会员主页”页面下方的输入框中输入“我的订单”，即可接收到“会员中心”入口图文。

3. 点击“会员中心”入口图文即可进入会员主页查找订单，点击“已发货”按钮，就可以看到已收到商品的订单，如图5－17所示。

图5－16　进入会员主页

图5－17　会员主页

普通商品下单后，有赞会通过短信推送订单信息到收货人手机上，买家可以点击短信中的链接查看订单情况。

（四）评价商品

顾客收到商品后，就可以进行评价了。

1. 在“会员主页”页面，点击“已完成”按钮，可以查看收到的商品订单；

2. 在“已完成的订单”页面中，可以如实描述对该商品的评价，如图5－18所示。

图 5－18　买家评价商品

买家如何对购买过的商品进行评价，好评往往由以下几个方面组成：撰写商品使用的感受；对购买的商品晒图；对商家服务打分。

知识加油站

商品评价功能的使用

好的商品评价在网购中显得尤为重要。好评和差评不仅仅影响一家店声誉的好与坏，更影响了商品的销售额，往往好评如潮的商品才能成为爆款。

作为资深的店主，要循循引导买家，给出对商品最中肯的评价。

首先，店家需要开启评价功能。

1. 登录有赞商家版后台，依次按以下步骤进行设置；“设置”/“店铺设置”/“通用设置”。

2. 选择“开启全网评价”功能（系统默认是关闭的），如图 5－19 所示。

图 5－19 “开启全网评价”功能

那么，在交易之后，店家又要如何查看评论以及回复呢?

在买家评论后，有赞微商城系统后台将会发送系统通知给卖家，卖家收到通知后，可以登录有赞商家版后台，按照“订单”/“评价管理”/“查看本店的所有评论”进行操作，并进行相关回复。

评价的展示内容分为：全部、好评、中评、差评。所有买家评论以及卖家回复，均展示在对应的商品详情页。

有赞微商城评价展示有以下规则：

1. 若该商品全网暂无用户评论，将不展示评论。

2. 商家在后台关闭评论功能，则不展示评论；重新开启后，所有用户的评论都将重新展示。

在这里需要注意的是：如果分销商 A 店铺分销了一个商品，该商品在本店暂无用户的购买评论，但供货商店铺以及其他分销商店铺都有自己的用户评价，全网评价功能则能够在 A 店铺下展示该商品所有购买过的用户评论，从而让消费者更好地了解该商品，提升购物的体验。

在有赞微商城中，评价的使用也是有一定限制的：

1. 所有买家的评价，卖家均无法删除；

2. 针对收银台产生的订单，用户无法进行评价；

3. 送礼订单 ，送礼人可进行商品评论；

4. 代付订单，发起代付的买家可进行商品评论；

5. 心愿单订单，付款人可进行商品评论。

步骤三 管理店铺订单

顾客完成商品购买后，为了方便商家的订单管理，微店工作人员登录商家管理界面查看订单之后，需要处理比较特殊的订单类型，比如：代付订单、送礼订单等。

一、微店的订单管理

日常的微店订单管理的操作流程如下：

1. 打开微店 APP，点击“订单和收入”按钮，进入订单管理页面，如图 5－20、5－21

所示。

图 5－20　微店管理主界面

图 5－21　订单管理界面

2. 选择任意订单，查看该订单的详情，如图 5－22 所示。

图 5－22　订单详情界面

3. 在订单管理页面中，点击“进行中”按钮，找到未发货的订单，点击该订单进入详情页面，如图5－23、图5－24所示。

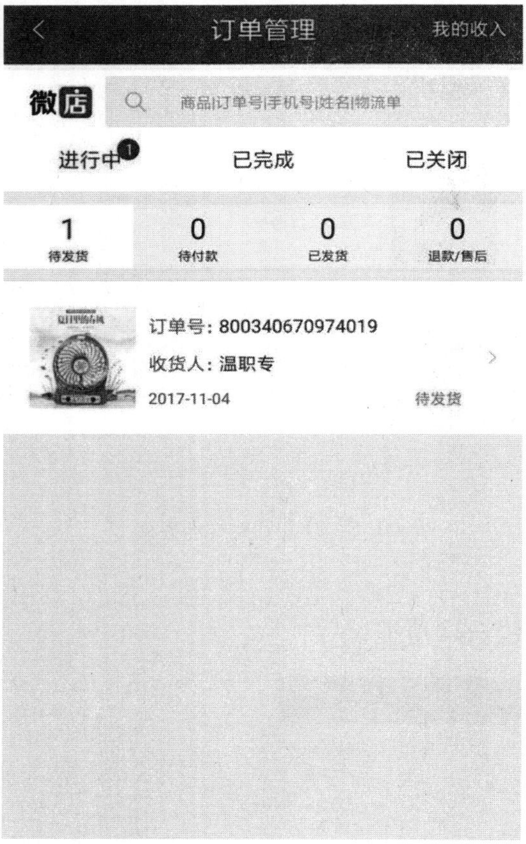

图5－23　“进行中”的订单页面

图5－24　待发货订单详情页面

4. 在订单详情页，点击“发货”按钮，进入发货页面，输入快递单号信息，在填写完物流信息后（见图5－25），就可以进行图5－26所示的“提醒买家确认收货”步骤了。

图 5－25　发货页面

图 5－26　发货完成

二、有赞微商城的订单管理

1. 卖家在有赞微商城的日常订单管理如下：

（1）卖家登录有赞微商城页面，可查看所有订单的状态，如图 5－27 所示。

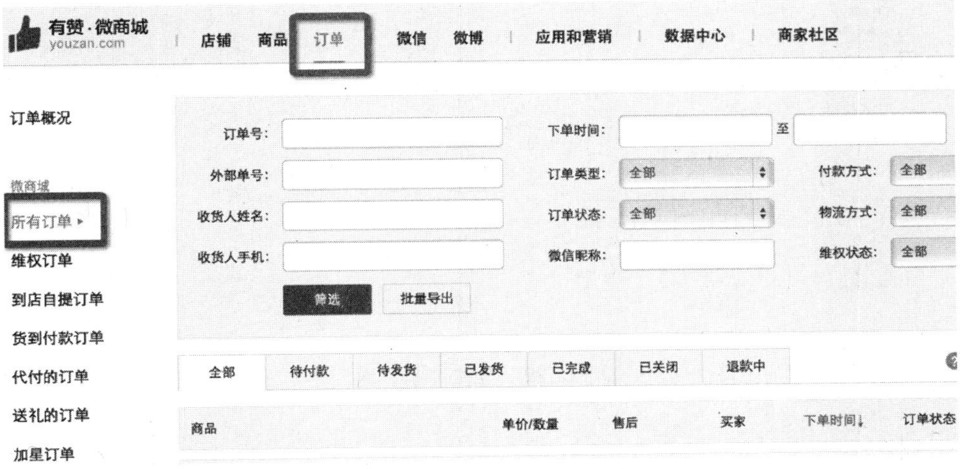

图 5－27　查看订单

（2）在订单页面中，卖家会看到待发货的订单，点击“发货”按钮即可进入发货阶段，如图5－28所示。

图5－28　订单发货

（3）填写该单的物流信息，完成发货。

2. 有赞微商城查看订单页面的功能十分强大，可以筛选、批量导出订单、排序订单、详情查看、备注、标星等。卖家在订单中还可以备注订单的类型，目前订单类型包括：维权订单、到店自提、货到付款订单、代付和送礼订单、加星订单。

（1）维权订单。对于顾客提出消费维权的订单可在此查看，如图5－29所示。通过订单详情，可以对提出维权的订单进行处理。维权订单务必要在第一时间及时处理。

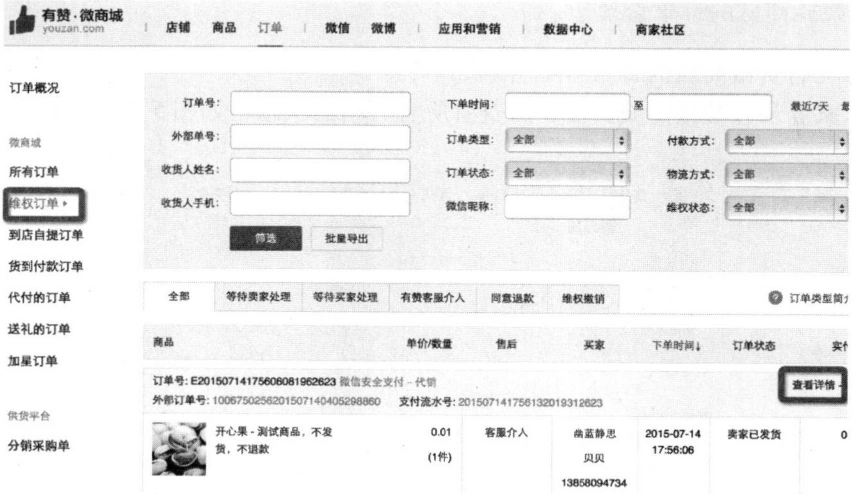

图5－29　维权订单页面

（2）到店自提订单。到店自提订单是针对运费设置中选择到店自提的订单（见图5－30）。

图 5－30　到店自提订单页面

（3）货到付款订单。货到付款订单针对运费设置中选择货到付款的订单，如图 5－31 所示。

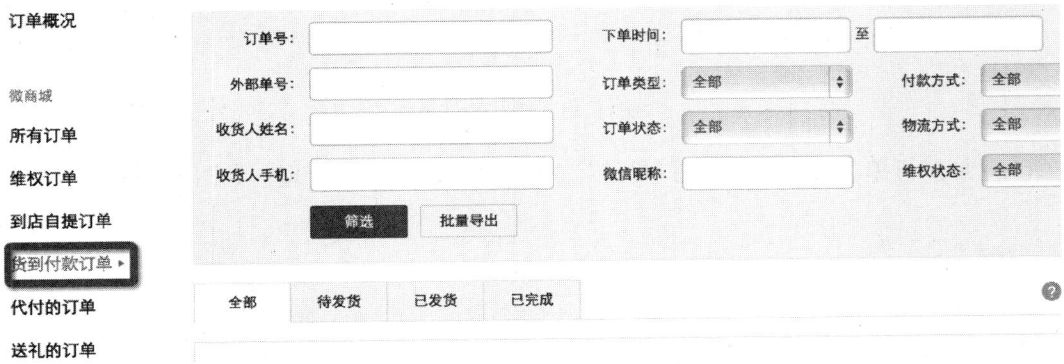

图 5－31　货到付款订单页面

（4）代付的订单。代付的订单是指顾客选择找人代付的商品订单，在代付的订单中可以查看支付进度，如图 5－32 所示。

图 5－32　代付的订单

（5）送礼的订单。顾客使用送礼功能，将礼品订单发送给朋友，朋友填写好收货信息领取之后，商家可直接发货给收礼人（见图 5－33）。

图 5－33　送礼的订单

（6）加星订单。对于重要的订单可以选择星级，以便统一管理，如图 5－34 所示。

图 5－34　加星订单

何云亮团队的小伙伴们通过分享店铺二维码的方法，成功引导顾客方便地找到了“海之家”店铺，帮助顾客轻松地下单购物，并成功地处理了后台的订单，完成一笔笔生意。

学以致用 触类旁通

二维码在电商中的应用

二维码，诞生于20世纪80年代，是一个近几年来移动设备上比较流行的一种编码方式，相比传统的一维码可以存储更多的信息，也能表示更多的数据类型。

二维码是用某种特定的几何图形按一定规律在平面上分布的黑白相间的图形记录数据符号信息的。在代码编制上巧妙地利用构成计算机内部逻辑基础的“0”“1”比特流的概念，在矩阵相应位置上用“点”表示二进制“1”，用“空”表示二进制“0”，这样使用若干个与二进制相对应的几何形体来表示数据信息，并通过光电扫描设备自动读取，非常便捷（见图5－35）。

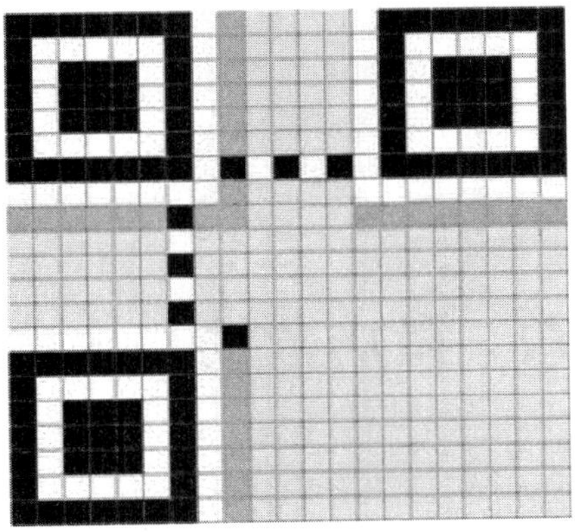

图5－35

二维码作为一种全新的信息存储、传递和识别技术，自诞生之日起就得到了世界上许多国家的关注。我国对二维码技术的研究始于1993年。随着我国市场经济的不断完善和信息技术的迅速发展，国内对二维码这一新技术的需求与日俱增。中国物品编码中心在参考国外相关技术资料的基础上，制定了两个二维码国家标准：二维码网格矩阵码（SJ/T 11349－2006）和二维码紧密矩阵码（SJ/T 11350－2006），大大促进了我国具有自主知识产权技术二维码的研发。

二维条码具有储存量大、保密性高、追踪性高、抗损性强、成本低等特性，应用领域广泛。二维码似乎一夜之间渗透到我们生活的方方面面，诸如地铁广告、报纸、火车票、飞机票、快餐店、电影院、团购网站以及各类商品的外包装上。有专家甚至预测，二维码将在两三年内形成上千亿的市场空间。

二维码就像一把信息钥匙，在微店运营中，可以在单个的商品页面、活动内容宣传单、网店以及线下的营销资料上印制二维码图案，让消费者第一时间方便、快捷、高效、精准地了解店铺和宝贝信息，获得大量消费者。虽然电商是在网上运作，但其实线下也需要相关营销活动，比如聚会、经验交流、大型的有目的的学习活动、商务活动等，在直接与客户交流接触的时候，以前只能靠嘴去描述，现在完全可以利用二维码把店铺、官网、博客、微博等企业展示平台做成二维码印在名片上，让人们用手机扫一扫，就可以了解商品的全部内容了。

小小的二维码，已然成为一种成熟的端口接入和信息交流工具，给我们的生活带来全新的改变，特别是与手机相结合，形成手机二维码技术，在移动电商的发展中扮演了越来越重要的角色。

二维码将成为移动互联网和O2O的关键入口。随着电子商务企业越来越多地进行线上线下并行的互动，二维码已经成为电商企业落地的重要营销载体，带给消费者更便捷和更快速的消费体验，成为电商平台连接线上与线下的一个新通路，对于商品信息的延展，横向的价格对比，都有帮助。

实战训练

何云亮一直向往自己创业，在不断的努力之下，“海之家”不仅迎来自己的第一笔生意，更是财源广进、生意兴隆。请完成以下训练：

1. 总结归纳商品购买流程，绘制购物流程图。
2. 导出整理店铺近一个月的订单记录。

任务六　微店营销与推广策略

【任务要点】

- 关键词：微营销、推广
- 知识要求：探索微店的营销方式，学习微店策划推广思路和方法，理解微店运营应具备的技能
- 技能要求：模拟完成微店运营中的营销、推广、策划等工作流程

任务情境

在经过一段时间的磨合后，“海之家”微店正式开业啦。何云亮同学的团队借助“一职猫”学生创业平台的大白钥匙扣，在母亲节之际推出了“拥抱温暖那个最爱你的她”大促活动。但是几天下来，进入店铺的人数少之又少，更别提有人前来购买自己的商品了。

何云亮感到很困惑，不明白为何“一职猫”学生创业平台里的大白钥匙扣成为爆款，而自己微店里相同的大白钥匙扣却无人问津。他再次推开了“一职猫”学生创业平台的团队大门，来听听平台里的学长学姐以及指导老师关于对商品经营和推广中那些不得不说的小秘密。

任务分析

在微商泛滥的时代，如何占领朋友圈的制高点，吸引群友的眼球是微商时代获得成功的关键。在微店上出售商品，个人品牌很重要，获得认可很重要，要让朋友圈的好友对你留有印象和产生信任更是至关重要。

任务实施

一个微店的运营，离不开公司良好的运营方案和推广实施。何云亮团队认为只有对自己的商品、相关市场和潜在受众有一个透彻的了解和把控，才能真正做好微店的营销和推广。

步骤一　了解微店运营

微店开通的门槛很低，但是相对来说推广的渠道很窄，基本只有朋友圈、空间、微博等熟人圈子。在很多人看来，微店运营就是每天在朋友圈发发消息，其实不然，要想真正运营好一个微店，一定要对商品行业、店铺经营状态、微店宣传活动等内容都十分熟悉，才能经营好微店，下面我们首先介绍微店运营的基础工作。

一、定位微店

微店，顾名思义，即小而美、精而简的移动商店。让我们的商品在狭小的微信空间里，通过真实的人脉关系无限流通和传播，包括店铺的名字、店铺界面风格、店内经营的商品以及店铺服务人员的语言风格甚至店铺运营人员的思想，都渗透其中。

我们得客观地承认，不是所有的微信账号都能成为你的用户。因此要充分定位微店的经营方向：谁会喜欢你的商品？是男是女？顾客的年龄？碎片时间范围？对什么事物感兴趣？喜欢什么语言或文字风格？收入如何？当确定好这些问题的答案后，以此为基础给店铺起一个既朗朗上口又符合这些顾客口味的店铺名称，上传一个让这类顾客眼前一亮的店铺 LOGO、背景海报等，才是微店经营的良好开端。

在这个快节奏的信息时代，简单的就是最好的。在设置微店店名和头像的时候，要简单、直接、明了一点，而不是把名字整成字母图标等各种非主流。简明才能让别人记住你是谁。比如可以用自己的名字、品牌名、商品名、公司名等直接命名（见图 6－1）。

图 6－1　微店名称

基于以上认知，何云亮发现，“一职猫”上大白钥匙扣的销量之所以很高，是因为他们对大白钥匙扣这一款商品进行了包装和定位，主推“大白”这一款商品，从而聚集了很多用户，引起他们去购买其他商品。何云亮明白了一个道理，微店面对的是微信用户，而微信用户又是基于真实人脉关系交织存在的，如果不能领会“小而美、精而简”的精髓，反而继续以往电商大而全、铺量走货的思路，就会让店铺陷入低价竞争这种无休止的徒劳状态，到最后一无所获。

二、认识微店商品展示

微商店铺首页展示的商品信息不宜过多，只需把最想推广的商品放在页面显著的位置。因为在微商泛滥的年代，没有哪位客户愿意一项一项去翻看每个商品的具体信息。他们只关注自己最需要的，或者第一眼能给他们带来惊喜和吸引力的。何云亮及其团队经过市场调研和商讨，从所有商品中选出了八款具有吸引力的商品，并对这些商品按照其特点和卖点进行分类，同时把大白钥匙扣放在“拥抱温暖那个最爱你的她”大促活动的首页，主图选用大白电影中的图片，以吸引更多的潜在客户收藏和加入微店（见图 6－2）。

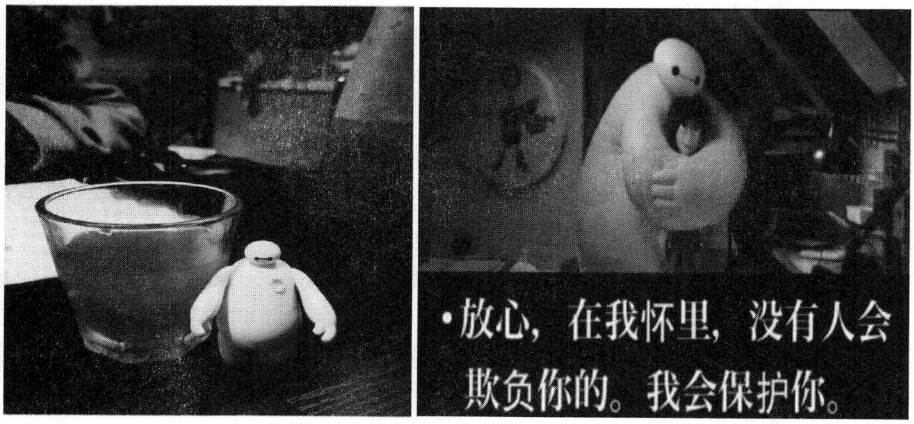
•放心，在我怀里，没有人会
欺负你的。我会保护你。

图 6－2　微店商品展示

另外，商品内容要真实，个性标签要鲜明。一方面是微店商品的真实，不能因为是虚拟购物就存在很多虚假信息，因为在朋友圈这样的生态圈中，信息的传播是几何级的，所谓“好事不出门，坏事传千里”在这里彰显得十分突出。再有，在微店中最好是将自己真实的一面展现在大家面前，每个人的生活是不同的，让朋友圈的小伙伴们感受到你的真实感、存在感，才会让他们对你产生兴趣。

三、了解微店商品描述

微店受其页面限制，所承载的信息量是极其有限的，因此微店的商品描述要遵守简洁、精炼的原则。

简洁——是指图文简单明了。每个商品以 4 ~ 6 张图片为宜（多了会浪费别人流量）；每处文字最好一句话点出要点。比如：一件牛仔裤的细节图，特写是腰上的扣子，并附注一句话：十字型缝制、牢固不脱线！

精炼——比如一款戒指，显示它的款型——一张戒指的完整图片；突出它的材质——钻石；表现它的工艺——戒托；烘托它的整体效果——一只完整的手的佩戴效果。四张图就够了，不用摆拍其他各种带钻手势的图片（图多了没意义，反而占用客户浏览其他商品的时间）。

切记，商品的竞争优势或主要特征必须要展示出来，不然完全使用商品厂家的统一图片，既没有识别度，也影响顾客对你真实度的评价（到最后早晚会被逼入价格战中）。因为微店不同于淘宝店铺，淘宝店铺面对的客户是有淘宝账户的陌生人。而微店打的是人情牌、质量牌和特色牌，必须充分展示自己的优势和特征。

四、认识微店商品定价

“天下熙熙，皆为利来；天下攘攘，皆为利往。”电商平台的推广模式，不适于微店这样的熟人生态圈。因此不要像一些大的电商平台一样，以大幅度压价来换取销量，那样做是无法进行长久经营的。同时，以打价格战换取的用户，只是一个客串演员，没有忠诚度，过了今天，明天就去了别的店铺。

微店经营，主要定位是熟人圈，所有访问用户，一定是对你曾经的传播推广感兴趣或是你的老客户介绍而来的，而不是你花钱买来的点击量。微商培养的是长期用户、黏性用户。因此，微商要花费精力，提炼自己的商品优势和卖点，以自己的经营需要去制定价格。记住，微店铺，经营的是自己的用户，而不是在买平台流量。

知识加油站

微店定价策略

成功的网络促销不仅要有新颖的创意，更要有独特的价格策略。如何定价才能刺激消费从而有高额收入呢？应从以下几个方面考虑：

一、临界价格（见图6－3）

营造视觉、感性上的错觉价格，形成差异化、对比化。如原来定价100元的商品，可定价为99元，虽相差1元，但可营造商品不过百的超高性价比。

图6－3 促销广告

优点：低成本投入，容易形成差异化，而且组合变化多。

二、阶梯价格

价格与时间成线性关系。比如：第一天6折，第二天7折，以此类推到原价。营造时间上的紧迫感可以鼓励、促进消费者产生购物的冲动。

优点：让犹豫的客户当机立断，刺激消费者的消费欲望。

三、错觉价格（见图6－4）

错觉价格注重的是商品的价值，让客户感觉到物超所值，营造占便宜的心理。如100元换购120元商品，侧面渲染商品的物超所值，从而达到刺激消费，机不可失的目的。

图6－4　错觉价格广告

四、降价＋折扣

两重优惠叠加，降价再折价。此种形式有较大的吸引力、刺激感。优惠再优惠，吸引力翻倍，更强势刺激了消费，且此种形式比一次性打折更为合算。如原来一件商品100元，直接7折销售则少赚了30元，如果先降价10元，然后打8折，那么一件商品少赚28元，多赚2元，同时销量也会比第一种方案多。

优点：两重优惠，节约了成本，也提高了单价。

步骤二　设计推广方案

基于以上微店运营的基础工作，何云亮发现单靠发朋友圈或者其他熟人圈子根本无法实现批量销售和几何级传播。微店运营需要一个完整的、契合商品特色和市场状况的推广方案。以一个完整的设计流程作为主线，根据每天具体要处理的订单和市场行情制订详细具体的方案。以下将详细讲解何云亮创业小组的推广方案设计。

微店标准操作流程可以分解成如下四大板块：

模块1：造粉——别人主动加入；通过一些策略吸引别人加入。

模块2：文案——包括视觉效果图和文字描述内容。

模块3：成交——运用营销手段及相关营销话术，刺激潜在客户购买需求，直至成交。

模块4：招商——招商的本质是复制裂变，层层招代理。

麦当劳能够在全球复制3万多家店，很大的原因归功于它的“规矩”，也就是我们所说的SOP——标准操作流程，这样才能按照流程不断地发展扩大。做微商，不管是C2C还是B2C，想要发展团队做强做大也要有标准的操作流程。

一、造粉

做微商其实就是在经营粉丝经济，粉丝的来源一种是别人主动加你的，另一种是通过一些工具和策略把别人加进来的。造粉的一个基本方法就是配合相关社交工具，如分类信息网站、贴吧、微博以及其他的社交媒体，这些都是我们吸引粉丝的工具。

要想拥有更多精准的粉丝和保持更高的粉丝活跃度，最重要的就是要有优质的内容，这样才会让人感兴趣，才会拥有流量。造粉的关键点是对商品的主要卖点反复宣传才能让人印象深刻。譬如我们大多数微商在做群发，其实就是重复卖点营销的一个过程。

"笼络"住客户的心是微商进行营销的当务之急。要一步一步推动朋友圈互动，就得做好以下几点：

（一）点赞党

点赞党，顾名思义就是处处给别人点赞的人。其实这就是在日常生活中接近客户的方式之一，当你的客户在朋友圈发布动态时，常常给他们点个赞，并时不时进行一些评论，让自己常常出现在客户的"视线"里，这其实就是在熟络关系。当你时常与其在朋友圈互动后，就比一般人更具备亲近感，也就更容易将这种关系转化为销售动力。

（二）集智党

当你在遇到一个问题时，需要征求大家的意见、建议，或者需要帮助时，通常可以自设问句在朋友圈中发布以获得朋友们的建议。如在朋友圈发布"我计划5月份去旅行，大家觉得哪里好玩呢?"这就是一条采集大家建议的微信，经常去旅游的客户就有可能会给你建议，这其实是增加交流的好机会。

（三）自黑党

自黑，就是需要撕下自己的面子，被众人当作靶子，善意地开玩笑。这一点其实是很难做到的。但是自黑为什么能够吸引旁人关注呢？这也是人的一种本性，因为大多数人都喜欢看别人的"笑话"，都喜欢在别人身上善意地找到一点乐趣，开一点玩笑。

当我们自黑的时候，一般都是以长相、财富、身高等来作笑点，这也是为什么很多人都会以"屌丝"自居。例如，一位微商在朋友圈发了一条"晒厨艺"的微信，立即就引来了大家的评论，有很多朋友都在批评他的菜没有卖相、刀功不好。这个时候他就配合了大家，一边自夸，一边自黑，实时和大家互动，提高了大家的兴致。

（四）娱乐党

既然大家都是在玩微信，那么就要突出"玩"的效果。微商在朋友圈常常发一些笑料或是搞笑图片，既增强自己的娱乐性，也能让看到的人开怀一笑。特别是如果能结合一些当下最流行的娱乐新闻、热门观点等去制造话题，会引来更多互动。

另外，在推送内容的时候必须要注重与粉丝之间的沟通和互动，而不能只是单纯地推送广告，频繁地推送广告很容易引起反感，甚至被粉丝取消关注，因此需要尽量地多推送和商品有一定相关性同时对用户有价值的内容。微信时代是自媒体时代，用户觉得有价值的东西，就会进行分享，通过分享可以让自己的展示度得到更多的关注。

二、文案

撰写文案时，首先需要用一条互动性很强的文案，让用户有欲望和你交谈，从而产生一种互动。在成交之前，我们与用户的每一次评论和点赞，都可以增加成交几率。我们的评论和点赞主要针对的是对我们感兴趣的潜在用户。文案主要分为三类：一是体现商品的个性和特征；二是体现商品的专业性；三是突出客户晒单和售后服务。凸显商品个性相关的信息，可以发布几条，有了互动之后就进入了成交的环节。

三、成交

成交和追售是联系在一起的，因为追售是一种重复的成交。我们只需要促成那些对你的商品感兴趣的人达成交易，不需要在不感兴趣的人身上下工夫。

在移动互联网时代，我们同时与5 000人沟通和与5个人沟通耗费的时间和精力是一样的，因此只需要与有回应的人沟通就够了。通常有回应的人成交的意向会比较大，有助于追踪直至成交。

关于成交有专门的流程，每一个环节都会有专门对应的专业话术，客户经常问的问题都会有相应的答案，如有商品的话术，客户的话术等。话术既具有专业性，又不乏趣味，可以多用一些互联网语言来与粉丝交流，不要再沿用过去传统硬邦邦的客套的对话方式。

四、招商

粉丝、文案和成交都完成之后，最后就是招商。招商其实就是复制裂变，移动互联网与传统行业最大的区别就是容易传播产生裂变，一传十、十传百，一个用户可以通过他的影响力发生裂变，带来多个用户。负责招商的人，一定要有良好的语言能力（或者说是演讲能力）以及出色的会场把控能力和情绪调动能力等。

知识加油站

三大微商平台的招商模式

一、微来购

特点：0囤货；不用发货；不用打包；上千种商品一件也是总代价格。

微来购模式是交保证金给平台，然后代理平台里的商品，根据级别不同，享受不同的代理价。招到的代理，给予一定金额的奖励。毫无疑问，招代理的收益是最高的。收益模式为加盟费，加盟费一共分为3层，800元、1 000元、1 500元，1 500元是总代的价格，例如你的代理通过店铺链接加盟了微来购，你能获得900元的利润，代理的代理加盟了，你还能获得240元的利润。

二、云微商

特点：思埠会在全国各地开设分店（不能开店的地方采用菜鸟网络的物流发货），只要通过思埠的平台下单，货物最快24小时内就能送到。并且经销商不需要自己囤货，也没有任何级别之分，所有人都是一样的，也不存在拿货价一说。

云微商就是选择离顾客比较近的发货地发货，不用囤货。没有级别，只有返还佣金，跟淘宝客一样。有别于淘宝客不用交给商家保证金，现在的云微商需要交给商家保证金。

三、极享平台

特点：在分区中设置2层微商代理，并且保证固定规模，保证不过度扩张，以线下店为据点，实现培养、依赖，深耕区域群属消费经济；线下体验店提供温馨、舒适的交流、洽谈、分享环境，实现人人为店主，并开通了10 000家体验店；线上实现平台流量的引入，让消费者对商品更放心，让渠道更稳定，让品牌更安心。解决微商无归属感、商品售后无保证等一系列的问题。极享平台相当于连锁商超市，提供专柜和员工。跟苏宁、国美这些实体店类似，只是把原来是全职的员工，变成现在兼职的员工；原来是需要待在店里的员工，变成现在在网上推销的员工。加入的微商代理，就相当于兼职的员工。

步骤三　实施推广方案

有了良好的微店运营推广方案，还需要通过各种方法进行实施推广。何云亮创业小组通过学习，了解了以下一些实施方法：

一、店铺直接推广

1. 以私人微信账号里的日常朋友为传播渠道，定期分享一些精品，并让朋友帮忙转发传播；
2. 将商品分享至QQ空间、微博等社交媒体上；
3. 摇一摇、附近的人、漂流瓶等微信自带的交友功能，都可以获取新用户，并增加店铺推广渠道；
4. 偶尔派发个红包，让红包顺着真实的人际关系无限地拓展下去，可以强化存在感；
5. 组织策划一些街面活动，比如印有自己店铺二维码的T恤，扫码送礼品，或者在附近的区域，发一发印有店铺二维码的宣传单；
6. 如果有淘宝店、拍拍店等其他形式的店铺，在促销期间，可以在页面放置一个微店铺二维码的图片，或在发货包裹里加入宣传单，引入微店里来；
7. 车上、名片上、QQ头像上，一切可以展示给别人看的物品，都可以成为店铺二维码的传播载体。

二、利用微信朋友圈推广

微店运营是个人品牌营销，是基于社交圈的营销。在这样的圈子中我们是有一定信任度的，我们的销售也是建立在这样的信任之上。如果我们能给客户带来信任感、带来价值，客户也会更加信任我们。接下来我们谈谈朋友圈推广的几个小技巧：

（一）头像决定你的交往深度

很多人都会用风景、花草、漫画、自己家的小孩或宠物等作为头像，但是从营销的角度来看，这样的头像都是完全无效的。因为它的辨识度太低了，很难把你与其他人区别开来，很难加深受众对你的印象，更别说信任度了。

头像和昵称一样，被称为营销的第一载体，在头像选择上，一定要使用识别度高的头像。例如用自己的真人照片做头像，这样方便别人把你的微信和现实中的人对上号，减少社交成本、增加信任度。但也要注意，最好不要用完全不像真人的艺术照，与现实反差太大也就失去了营销的意义。或者也可以用你和商品的合影、你和公司 LOGO 的合影，也具有高价值的信任度。

（二）把手机号或 QQ 号设为微信号

大多数人在设置微信号时，会使用一长串字母，或者自己的英文名、拼音，或者英文字母与数字的混搭，比如 Landy022，还有一些人会使用英文字母加各种符号，例如 qu_xueson。但这些微信号不利于沟通。用手机号或者 QQ 号作微信号，别人要加你的微信就很方便，这是拓展人脉的第一步，为他人提供方便，也是为自己提供方便。

（三）朋友圈的内容不宜过长

微博的标准长度是 140 字，微信朋友圈则没有这样的限制，于是就有人在朋友圈里洋洋洒洒写上好几百字，这种做法不够妥当。原因有二：第一，朋友圈正常展示的内容只有 6 行，大约 140 字，超过这个限度就会折叠起来，需要点击“全文”才能查看，这样信息就显示不全了。第二，受众在不同的载体上阅读是有不同的心理期待值的，在微信朋友圈这样的社交平台上，通常是碎片式阅读，几十个字、一百来个字就已经是极限，写多了客户就没兴趣看了。所以提炼关键信息，让人一目了然，才会让人看得轻松，同时包含的信息量又大。

如果真的需要编辑较长的内容，建议发公众号，再转发到朋友圈。或者将其缩短到几条不同的内容陆续发出来。

三、捆绑微信公众号推广

首先要注册一个微信公众号，并且申请认证；然后登录微店操作后台，绑定微信公众号，绑定成功后，微信公众号就变成了商城，可以直接向关注你的用户发送消息。

具体的消息发送内容和发送方式：根据商品的目标人群定位好信息的类型，每天在公众号上发布一条与你的目标人群息息相关的各种图文信息，做到图片精美、语言犀利、全篇短小精悍、阅读性强；同时把此内容发给自己的个人微信号；然后，用个人微信号发到朋友圈，并游说朋友们帮忙传播你的图文信息。

在这种周而复始的精美图文分享中，逐渐会有受众去主动关注你的公众号，成为公众号的粉丝。而这些关注你的用户，一定是基于你所发布的文章类型，所以一定是对商品及相关衍生商品极感兴趣的人群。

知识加油站

微信公众号推广方法

方法1：群推广

不少微信公众号的第一批用户来自于微信群，而且用的方式就是持之以恒的优质文章推送。在微信号打开率持续降低的情况下，在用户群集中的QQ群，微信群推广，是较为稳妥的推广方式。需要注意的是，不要直接把文章发到群里，这样起不到互动的作用，一定要附一段评论。因为现在很多的群就像是一个广告群，所以为了和广告贴区分开来，一定要附上你自己的观点或是对文章内容的提炼，和群里的朋友互动。

方法2：微信公众号互推

找到和你微信号用户群比较匹配的公众号，一起互推，目前比较流行的就是将几个微信号集中介绍。优点是简单快捷、效果明显，不过前提是粉丝需要达到一定的数量，门槛高。可以先积累粉丝量，再找人合作互推。

方法3：把公众号提交给导航网站、微信号服务平台收录

电脑时代有HAO123、360导航这样的导航网站，流量非常大，微信也有专属的微信导航网站，不仅仅可以把自己的微信公众号提交上去，还可以把自己的原创文章收录进去，在百度搜索“微信导航”就会出现很多同类网站，如“聚微信”“微信导航大全”等，都是不错的微信导航网站。

方法4：利用微信自媒体联盟

自媒体联盟可以和其他微信公众号组成联盟，进行资源的互推。微信联盟有两种：综合性联盟和行业性联盟，综合性联盟如WeMedia、微媒体等，行业性联盟有犀牛财经联盟、亲子生活自媒体联盟、SocialAuto汽车行业自媒体联盟、地产自媒体联盟等。

方法5：行业互助推广

有团队运作的公司性质的公众号，可以通过参加一些行业性会议展览，会上推广你的二维码，做好微信营销方案，到展会或者会议上与你的客户、合作伙伴交流，推荐你的微信公众号，特别是一些重要客户，要重点公关，最好是有达成基于微信推广的合作。

方法6：热门事件营销

热门事件营销要在营销内容上做爆款文章，同时还要结合热点事件进行营销。可以查看下面的排行榜获取热点，然后构思营销方案，最后润色后发布在公众号。

（1）知乎，百度贴吧热门贴；

（2）百度风云榜、搜狐、新浪、网易等各个门户网站新闻的热点排行；

（3）百度搜索风云榜；

（4）网评排行－搜狐；

（5）热门新闻每周排行；

（6）天涯，虎扑等社区热门贴；

（7）今日头条，搜狐新闻客户端等上的热点。

微店推广方案的可实施性非常重要，何云亮团队通过以上学习，根据具体情况和事件进行了各种活动方案的设计和实施，将“海之家”微店推广出去。

学YO 触类旁通

开通微信公众号

微信公众号是商家在微信公众平台上申请的应用账号，通过公众号，商家可在微信平台上通过文字、图片、语音、视频等媒体实现和特定群体的全方位沟通、互动 。通过微信公众号可以更有效地推广和营销微店。

微信此时已经有了亿级用户，挖掘自己用户的价值，为平台增加更优质的内容，创造更好的黏性，形成一个不一样的生态循环。利用公众号平台进行自媒体活动，已经形成了一种主流的线上线下微信互动营销的方式。如商家通过申请服务号进行二次开发，展示商家微官网、微会员、微推送、微支付、微活动、微报名、微分享、微名片。

服务号的申请需要有单位注册号或营业执照，订阅号不需要，本书以服务号为案例。

1. 进入微信的公众平台官方网站（https：//mp. weixin. qq. com/），找到“立即注册”命令并点击进入“账号类型”页面（见图6-5、图6-6）。

图6-5　微信平台登录页面

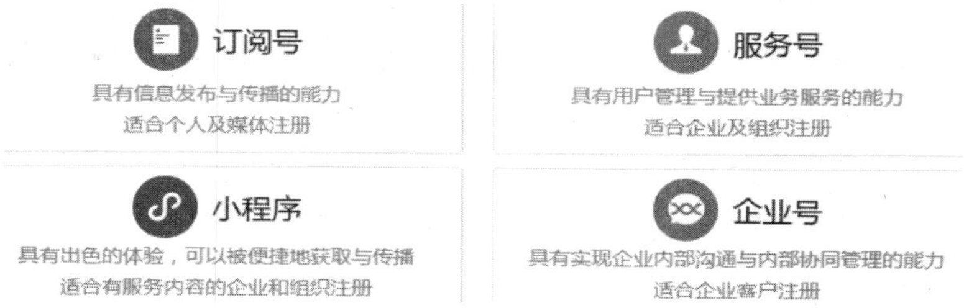

图6-6　账号类型选择

2. 注册时用常用的邮箱注册，以方便记忆。对于企业，最好用公司邮箱进行注册。资料输入完成后，点击“注册”按钮就可完成注册（见图6-7）。

每个邮箱仅能申请一种账号
邮箱
激活邮箱
作为登录账号，请填写未被微信公众平台注册，未被微信开放平台注册，未被个人微信号绑定的邮箱
邮箱验证码
激活邮箱后将收到验证邮件，请回填邮件中的6位验证码
密码
字母、数字或者英文符号，最短8位，区分大小写
确认密码
请再次输入密码
我同意并遵守《微信公众平台服务协议》
注册

图 6－7　微信平台注册页面

3. 接下来就要进行邮箱激活的操作了，进入注册使用的邮箱里找到激活邮件，直接点击激活链接（见图 6－8、图 6－9）。

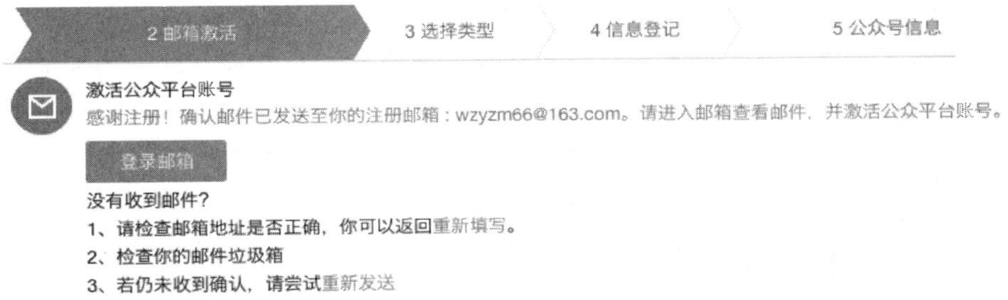
2 邮箱激活
3 选择类型
4 信息登记
5 公众号信息
激活公众平台账号
感谢注册！确认邮件已发送至你的注册邮箱：wzyzm66@163.com。请进入邮箱查看邮件，并激活公众平台账号。
登录邮箱
没有收到邮件?
1、请检查邮箱地址是否正确，你可以返回重新填写。
2、检查你的邮件垃圾箱
3、若仍未收到确认，请尝试重新发送

图 6－8　微信公众注册登录页面

微信 | 公众平台
你好!
感谢你注册微信公众平台。
你的登录邮箱为：wzyzm66@163.com。请点击以下链接激活账号：
https://mp.weixin.qq.com/cgi-bin/activateemail?email=d3p5em02NkAxNjMuY29t&ticket=1_edb5b41e3613783578a9af0ba7e9071a
如果以上链接无法点击，请将上面的地址复制到你的浏览器(如IE)的地址栏进入微信公众平台。（该链接在48小时内有效，48小时后需要重新注册）
Claire Wang
微信产品经理
claire1023@qq.com

图 6－9　微信公众邮箱注册页面

4. 按照步骤提示填完所有资料后，点击“继续”按钮，进入到下一步操作，选择账号的类型。在账号类型里面有三项供选择：服务号、订阅号和企业号（2017 版）。本书选择服务号，选择完成后，点击“选择并继续”按钮（见图 6－10）。

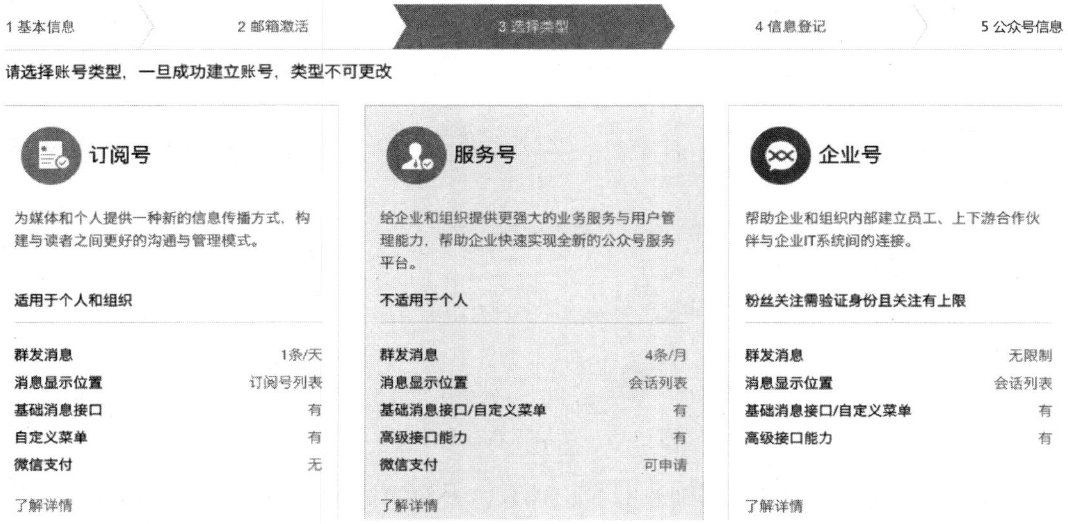

图 6－10　选择账号类型

5. 点击“选择并继续”按钮后，会再一次弹出一个对话框，页面会提示账号类型只有一次的选择机会，选择后是不能更改的，直接点击“确定”按钮即可（见图 6－11）。

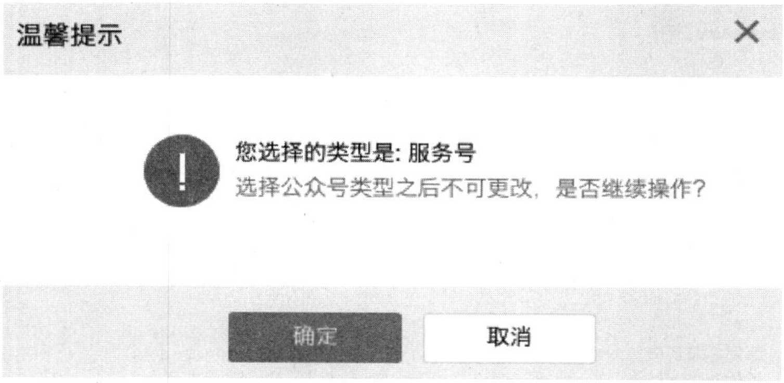

图 6－11　确定账号类型

6. 通过链接激活后，就可进行信息登记了（见图 6－12）。这时我们要根据性质进行选择：包括运营主体和类型。本书以页面中出现的“组织”“企业”为例来选择（见图 6－13）。这里最主要的就是手机验证，这样是保证账号的安全。

1 基本信息
2 邮箱激活
3 选择类型
4 信息登记
用户信息登记
微信公众平台致力于打造真实、合法、有效的互联网平台。为了更好的保障你和广大微信用户的合法权益，请你认真填写以下登记信息。
用户信息登记审核通过后：
1. 你可以依法享有本微信公众账号所产生的权利和收益；
2. 你将对本微信公众账号的所有行为承担全部责任；
3. 你的注册信息将在法律允许的范围内向微信用户展示；
4. 人民法院、检察院、公安机关等有权机关可向腾讯依法调取你的注册信息等。
请确认你的微信公众账号主体类型属于政府、媒体、企业、其他组织或个人，并请按照对应的类别进行信息登记。
点击查看微信公众平台信息登记指引。
账号类型 服务号
主体类型 如何选择主体类型？
政府
媒体
企业
其他组织
上一步
下一步

图 6－12　信息登记页面

1 基本信息
2 邮箱激活
3 选择类型
4 信息登记
5 公众号信息
账号名称
公众号助手
(2-16个字)名称一经设置无法更改。
功能介绍
公众号助手，是微信公众平台的手机端，直接手机管理，随时随地查看回复粉丝消息。公众号排行榜和运营宝典，筛选优秀公众账号，分享优秀文章，公众账号运营者可以关注学习这些公众账号，提升运营水平。
(4-120个字)介绍此公众账号功能与特色。
运营地区
国家
语言
简体中文
类型
普通公众...
19:47
二维码/条码
微信公众平台
微信公众平台
微信号：weixingongzhong
功能介绍
帮助您了解公众账号，更好地运营微信公众账号。
微信认证
关注微信公众平台，即时收取平台问题反馈，抢先知晓平台新服务。
查看历史消息
关注
返回
完成

图 6－13　微信公众注册页面

7. 点击“继续”按钮后，会跳转到“公众号信息”页面，在这里我们要输入账号名称、功能介绍、运营地区等信息。账号名称也只有一次机会，确定后是不能更改的。所有信息填写完成后，点击“完成”按钮（见图6－14）。

图6－14 “公众号信息”页面

8. 注册完毕后等待审核，一般审核需要7天左右，审核通过后就可以成功的登录此服务账号了（见图6－15）。

图6－15 服务号管理页面

服务号管理页面和订阅号管理页面的最明显区别在于右上角的类型标志，会显示服务号或订阅号。

实战训练

学习了微店运营与推广后，利用所掌握的知识帮何云亮团队完成以下工作：

1. 选择微信公众号类型，开通微信公众号；
2. 设计一个可实施的微店运营活动推广方案。

项目三
微店管理

任务七　物流管理与售后服务

【任务要点】

◆ 关 键 词：物流、包装、货运单据、售后服务

◆ 知识要求：熟悉不同商品所需要的包装材质，熟悉各个物流公司及其资费情况，理解物流服务、售后服务对店铺服务的重要性

◆ 技能要求：熟悉不同的物流包装材料，掌握物流单据的打印

任务情境

在“一职猫”学生创业平台营销部小伙伴们的提点下，小掌柜何云亮、沈明和李慧努力经营，“海之家”终于迎来了第一位买家。

但烦恼的事情也随之而来，这么多物流公司，何云亮到底是要选择哪一家呢？订单发货之后还要做些什么工作呢？这一系列实际操作的难题困住了“海之家”的三位小掌柜。

任务分析

当今消费者除了对商品的质量有要求之外，对服务的质量要求也是越来越高。所以在手机上开微店，商品的包装、物流公司的选择与售后也是相当重要的。

一、商品的包装

商品的包装不仅在运输过程中对商品起到保护作用，便于商品的运输过程中不受损坏，更直接关系到商品的销售，从而提升店铺的品牌价值。

商品包装的作用主要体现在保护商品、方便流通、促进销售、节约成本等几个方面，因此选择商品的包装不但要使商品安全稳妥，更要做到美观细致，既要尽量节约成本，又要获得买家的好感。

二、选择便捷实惠的物流渠道

选择好的物流渠道对于微店卖家来说可以节约一大笔成本。目前电子商务比较常用的物流方式包括快递、EMS、e 邮宝和平邮等。

三、售后服务

售后服务是整个交易过程的重点之一。售后服务品质和商品质量、店铺信誉同等重要。售后服务做得好，回头客一定不会少。贴心周到的售后服务会给买家带来愉悦的心情，从而成为你的忠实客户，以后会经常来购买你的商品。售后服务增加了与买家交流的机会，同时拉近了与买家之间的距离，增强买家的信任感，这样的买家很可能会介绍更多的亲朋好友来光顾。

任务实施

开微店离不开商业的本质——利润，利润如何来呢？四个字可以概括：“开源节流”。要节流，就要选择合理的物流。于是三个小掌柜上网查找了各种物流公司，比较它们的优劣，并选择适合自己的物流。

步骤一　选择物流渠道

一、快递公司

选择快递公司，是 80% 微店商家的选择，特点是快速、高效、价格便宜，目前国内主要的快递公司为顺丰速运、申通快递、圆通快递、中通快递、韵达快递、天天快递等。其中顺丰快递是目前快递中速度最快、服务最好的，而且丢件的概率也是最低的，但也是价格最高的。如果微店追求高效率且所售商品利润高，那么顺丰速运是非常好的选择；如果微店商品利润不是很高，推荐选择其他快递公司。

二、EMS

EMS 是中国邮政的一个服务商品，其优点是覆盖范围广，到全国各大中城市为 1 ~ 6 天，到县乡时间约 2 ~ 8 天；EMS 网络强大，全国有 2 000 多个自营网点，任何地区都能到达；EMS 为了保证客户服务质量，除了农村地区外，大多数地方法定节假日均保持营业。

当然 EMS 也存在缺点，定价灵活性不足，在民营快递价格战面前竞争力不强；EMS 资费比第三方快递稍高。

三、e 邮宝

目前，我国的送货团队很多，中国速递服务公司就是其中之一，而 e 邮宝就是该公司和支付宝最新打造的一款国内经济型快递业务。

e 邮宝的优点主要可以概括为三个方面：首先，快递配送范围广，很多禁止空运的货物该快递服务都支持。其次，快递成本低，需要支付的快递费用相当于 EMS 的一半。最后，快递跟踪一目了然，货物配送期间，消费者可以通过网络查询配送的进度。但 e 邮宝也有它的缺点，长距离的配送速度没有 EMS 快，配送的城市也没有 EMS 多。

四、平邮

平邮是最慢的运送方式，但价格比较实惠，而且网点多，适合偏远地区使用。平邮一般运送时间为：全国 7～30 天，平邮不像快递送货上门，邮递员会将通知单发送给收件人，收件人凭通知单和身份证去邮局领取包裹。

步骤二　打包店铺商品

何云亮、沈明和李慧打算根据大白钥匙扣商品的特性选择包装并进行打包，要如何选择呢？可以从以下方面考虑：

1. 选择包装材料。

(1) 内包装。是指紧贴商品的一层包装物。内包装所使用的材料直接与商品相接触，所以包装材料必须能起到保护包装物质量的作用。选用材料时通常采用的是软包装材料，如塑料薄膜、纸、箔材、布以及复合材料。内包装还具有装潢与缓冲功能，要求适于装潢印刷、表面有光泽、易于机械加工、填装方便、容易封缄等。下面介绍几种常见的内包装材料：

①OPP 自粘袋。OPP 自粘袋具有透明度高、较脆等特征，因此难以多次重复使用。由 OPP 单片对折后侧面封边并在开口舌头处粘有自粘封条，使用时装入商品撕去封条表面的保护皮后将舌头对折后粘牢即可，使用方便、美观大方，价格便宜，广泛使用于服装、食品、印刷品、文具、化妆品、纸张等行业（见图 7－1）。

图 7－1　OPP 自粘袋

②PE 自封袋。PE 自封袋相比 OPP 自粘袋而言，更加结实耐用，可多次反复使用。自封袋的封口处有一条凹凸带子，轻轻一按或撕开就能闭合，热封性好，同时无味，符合食品包装卫生要求，可用来装食品类商品。缺点是价格略高，透光性没有 OPP 塑料袋好。经常用于邮票、明信片、小样化妆品、纽扣、螺丝、小食品等需要归纳在一起或经常要取用的商品（见图 7－2）。

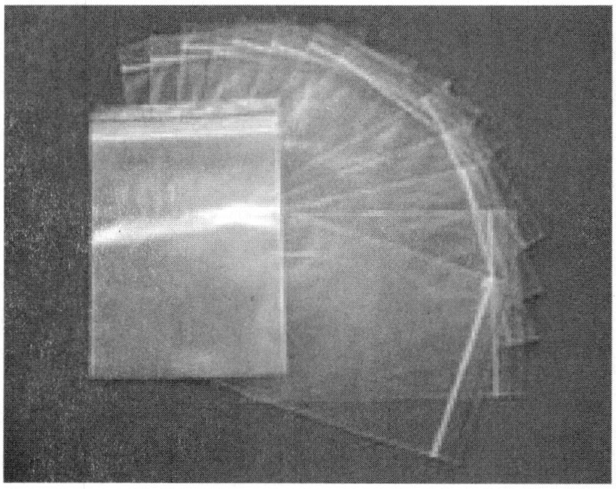

图 7－2　PE 自封袋

③热收缩膜。热收缩膜即加热会收缩的薄膜，在商品包装中有广泛的用途。因加热收缩，可紧贴商品表面，形成较为真空的环境，有利于商品的保存。同时透光性能也很好，无须拆开包装就可以验货。使用方法也很简单，只需把商品包好封口，把吹风机调到热风档，热收缩膜就紧紧的贴在商品表面（见图 7－3）。

图 7－3　热收缩膜

④布袋、麻袋。现在有很多卖家流行使用小布袋或小麻袋来做商品的内包装。这种类型的内包装造价较高，也没有很好的防水透光性，但是好在成分天然、透气性好，比较环保，对人体无害。用这种包装有利于树立店铺环保、亲近自然的形象，比较适用于化妆品、高端食品等（见图 7－4）。

图 7－4　棉麻袋

除了这几种常见的内包装外，还有很多种内包装材料，特殊商品可灵活采用各种不同材质的内包装材料。

（2）外包装。外包装是包装最外层的包装，除了要求有装潢与缓冲作用外，还要能承受运输过程中发生的冲击、撕裂等状况，常采用硬性包装材料，如瓦楞纸板、塑料、胶合板等。

①纸箱。只要尺寸合适的话，纸箱几乎可以作为所有商品的外包装，其防护性能也比较好，但其成本是包装材料里较高的。按用料不同有瓦楞纸箱和单层纸板箱等，也有各种不同的规格型号，按国际标准有 1～12 号的 3 层纸箱可供选择。另外还有 5 层、7 层、11 层等纸箱，适合盛放重量大的物品。纸箱尽量在网上选购，价格比较实惠，如在邮局或快递公司采购的话，价格会高。采购纸箱时要注意结实和美观（见图 7－5）。

图 7－5　纸箱

②袋子。作为外包装的袋子一般有快递塑料袋、编织袋和复合气泡袋。

a. 快递塑料袋是快递公司提供的一次性塑料快递袋，可以用来包装不怕挤压和磕碰的商品，例如：不怕挤压的服装、床上用品、毛绒玩具、暖宝宝、靠垫等（见图7－6）。

图7－6　快递塑料袋

b. 编织袋又称蛇皮袋，很结实。编织袋适用于装大件柔软的东西，邮局、快递、物流都能使用，但需注意：若邮寄，编织袋必须缝起来，否则不准邮寄（见图7－7）。

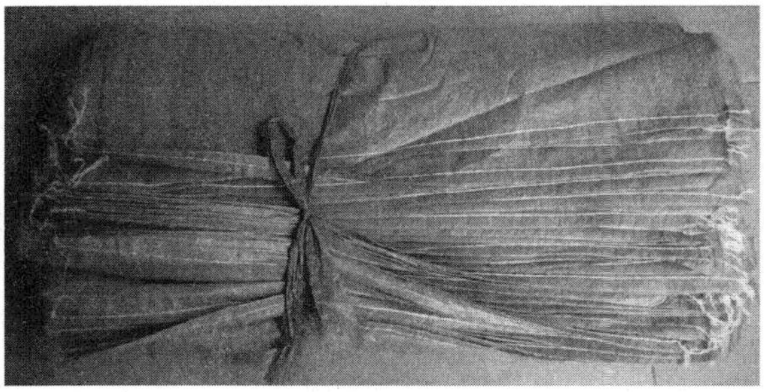

图7－7　编织袋

c. 复合气泡袋是最高档的一类外包装袋子，里面是非常厚的气泡，防震效果不错，外观美观、上档次，相应的价格也较贵（见图7－8）。

图7－8　复合气泡袋

③牛皮纸。商品若是书籍等印刷品，可以用牛皮纸或者牛皮纸信封袋进行包装。牛皮纸比一般的牛皮纸信封袋要更厚一些，所以牛皮纸是书籍包装的首选。一些非常轻的物品也可以装在牛皮纸信封中寄挂号信，不推荐寄平信，容易丢失（见图7－9）。

图7－9　牛皮纸

④木箱。一些重量不轻，而且对防震要求又很高的商品，最好是采用木板条装订的箱子来包装，例如：电子商品、玻璃制品、家具家电、工艺品、易碎物品、古董字画等（见图7－10）。

图7－10　木箱

⑤ PVC 管。PVC 是一种柔软阻燃不收缩的套管，具有良好的物理性能，耐酸，耐腐蚀性及优良的阻燃性能，经常用来作为一些特殊商品的包装。例如：网上销售的字画等。管材的圆筒外形和 PVC 的硬度可以保证商品不会被折压（见图7－11）。

图7－11　PVC 管

（3）填充物。在包装时，内包装物与外包装物中间难免会有缝隙，商品在路途中颠簸很容易被磕坏震裂，因此需要填充物来填充缝隙，起到缓冲的作用，从而保护商品安全。常见的填充物有：

①气泡膜。气泡膜又称气垫膜、气珠膜、气泡布、气泡纸、泡泡膜。是用于包装填充的一种防压防潮防震的化工商品。具有良好的减震性、无毒、无味、防潮、耐腐蚀、透明度好等优点。气泡膜有很多属性，比如大泡和小泡。大泡的防震效果要比小泡好很多，一般气够每粒气泡的2/3是最理想的（见图7－12）。

图7－12　气泡膜

②珍珠棉。珍珠棉适用于玻璃品、手机、数码商品等商品的防刮花和防潮，也有轻微的防震作用。珍珠棉有薄有厚，薄至0.5mm，厚至6cm，薄的可以拿来包裹，厚的可以拿来切片、做模，用来固定商品，其作用类似于泡沫块（见图7－13）。

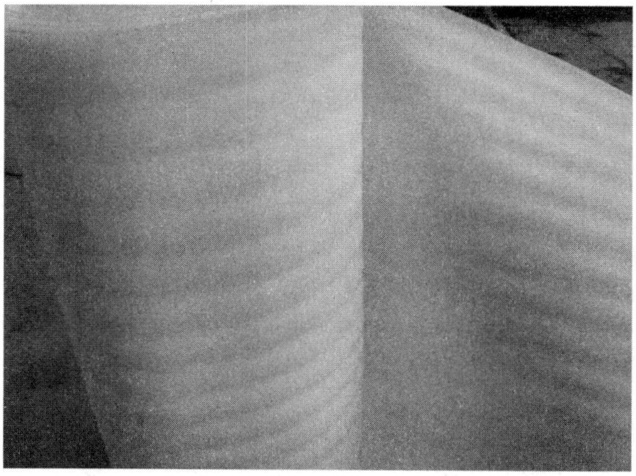

图7－13　珍珠棉

③聚氨酯发泡胶。它是一种将聚氨酯预聚体、发泡剂、催化剂等成分装填于耐压气雾罐中的特殊聚氨酯商品。当物料从气雾罐中喷出时，沫状的聚氨酯物料会迅速膨胀并与空气或接触到的基体中的水分发生固化反应形成泡沫。它的价格比较高，但能与商品紧密贴合，适

合形体不大、易碎、价值较高的商品包装。

④报纸、海绵、泡沫板等。如果商品利润较小，填充物完全可以选用生活中的废物进行废物利用，如报纸、泡沫板、海绵等物品，甚至可以用干净的一次性塑料袋进行填充。这种填充方法能降低成本，但也有降低店铺形象的风险。

（4）辅助包装材料。除主要包装材料和填充物外，还有许多打包必不可少的小物件，如用来捆扎的绳子、封紧纸箱的透明胶带、双面胶、刀等工具。

2. 何云亮、沈明和李慧根据大白钥匙扣的特性准备包装所需物品如下：

（1）小号纸箱：用来作为大白钥匙扣的外包装，这样能够很好地保护钥匙扣不被挤压和碰撞，外观美观。

（2）气泡膜：大白钥匙扣为易碎商品，胸前的亮灯标志容易被挤压，在商品自带的内包装外加一层气泡膜，可以增加防震性能。

（3）打包用的工具：美工刀、宽胶带、剪刀等。

3. 用气泡膜把大白钥匙扣包好，并用宽胶带粘贴好。

4. 把包好的钥匙扣放入纸箱中。

5. 用宽胶带把纸箱所有缝隙粘贴结实，并在中间十字交叉粘贴，防止有人私自拆开包裹。

包装要充分考虑到商品的特性，利用各种包装材料。在网店的经营中也许还会遇到很多类型的宝贝，试着发动智慧，设计最佳的包装策略吧！

知识加油站

包装时的注意事项

在包装商品的时候，卖家还需要注意以下事项：

（1）无论用什么包装寄东西，卖家都应把盒子弄得干干净净，破破烂烂的包装会让人怀疑里面的东西是不是已经压坏了，甚至怀疑商品的质量问题。所以包裹一定要干净整洁，在不超重的前提下尽量用硬壳包装。

（2）可在包裹中加上商品说明书。对于比较复杂的商品，在包裹中有针对性地写一些提醒资料，比如不同质地的衣服分别要怎么洗、要注意什么、不穿时应该如何收纳等，会让顾客感到卖家很人性化、很贴心，从而成为你的忠实粉丝，甚至给你带来很多新顾客。

（3）不要自作主张，把商品的价格标签放入包装箱内。因为有些顾客购买商品是用来送礼的，这些顾客希望网店直接发货给他的朋友，而他们一般是不愿意让朋友知道这件礼物的价格是多少、是在哪里买的。

（4）如果你自己弄张小卡片或者小饰品放在商品里送给买家，会让买家有一种超值的感觉，增加了再次购物的概率。

小礼品只要实用就好，但切记千万不要把自己用过的东西当礼品，不然对买家就太不尊重了，不但收不到好的效果，还可能适得其反。

步骤三　打印货运单据

小掌柜何云亮、沈明和李慧打包好大白钥匙扣后，准备寄送商品，到底选择哪一家快递公司呢？因为大白钥匙扣的利润率比较低，客户对货物的速度要求不是非常高，不需要选择价格昂贵的航空运件，最终根据查询的各个物流公司资料，对比了价格、速度、送达区域的覆盖面，最后选择了圆通速递为合作伙伴，填写信息并准备打印快递单。

打印快递单的软件有很多，以下就以易掌柜为例打印微店订单。

1. 首先，在软件里完成“配置新网店”操作，如图 7－14 所示。

图 7－14　配置新网店

2. 点击“下载订单按钮”后勾选所要打印的订单，如图 7－15 所示。

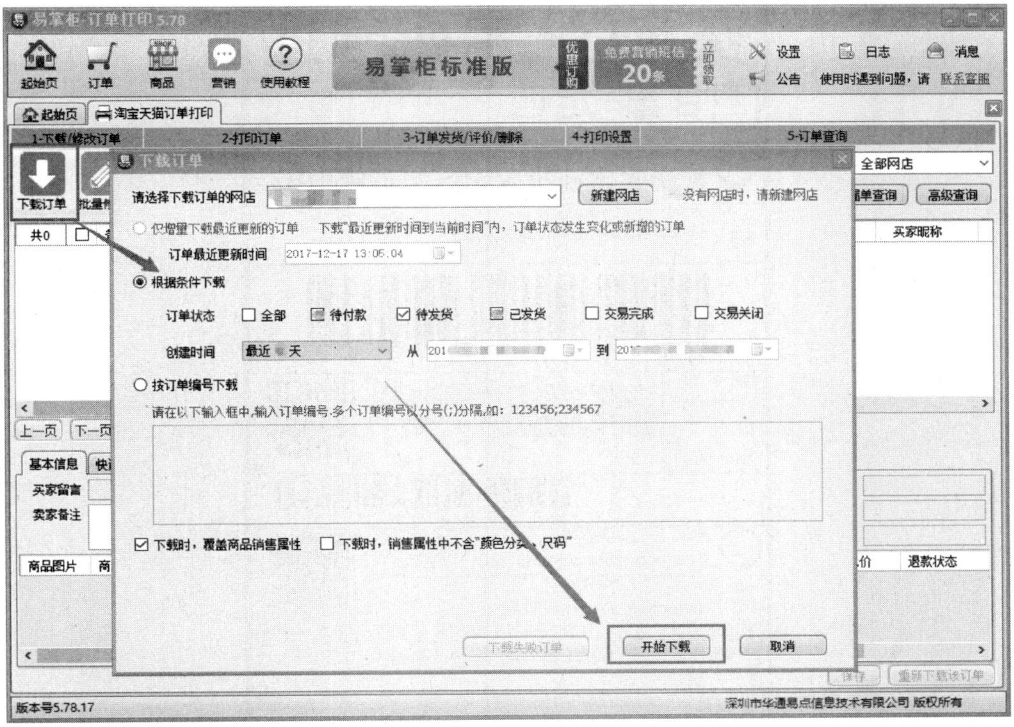

图 7－15　下载订单

3. 勾选需要打印的订单，然后点击“打印快递单”按钮，选择发货人信息、打印机、快递单模板、设置商品信息，点击“立即打印”按钮，如图 7－16 所示。图 7－17 所示为打印好的快递单的效果图。

图 7－16　打印快递单

图 7－17　电子快递单

以上就完成了电子快递单模板的设置和打印工作，接下来将打印好的快递单贴至包裹上即可。

知识加油站

隐私面单

目前，中国快递业务量规模已位居世界首位。然而，庞大的快递业务量背后，一张张快递面单汇聚成了一个巨大的个人信息库，快递业逐渐成为信息泄露的新黑洞。

2017 年 5 月 16 日，菜鸟网络宣布正式上线新隐私面单，并联合 EMS、百世快递、中通、申通、中国邮政集团公司、天天、德邦、圆通、韵达等主要快递公司，在全国推广。在新的隐私面单上，包裹上的电话号码中间四位将被“＊”所代替，而不再完整显示（见图 7－18）。

此外，2017 年 5 月 17 日，顺丰也首次对外宣布了已经开始试点的快递端对端信息的安全解决方案。顺丰控股变革管理部负责人在出席“预见未来—信息安全峰会”时透露，顺丰新版“隐藏面单”已在部分地区启用，不仅可对姓名、电话等敏感字段进行隐藏，并且客户的地址信息也会由编码代替，从而在快递面单上完全实现个人信息加密化。据悉，包括快递员、客服人员等企业内部可能接触到用户隐私信息的环节也进行全流程隐藏，确保用户的信息安全。

图 7－18　隐私面单

根据现场演示，未来顺丰收派员可通过手持终端的“一键呼叫”功能联系客户，客户接收到的将是统一的95338XXXX专属电话，如果客户拒接或错过电话时，可直接回拨此电话找到相应的收派员，相当于是双向隐藏电话号码，客户收件时则使用“电子签收”功能直接在手持终端上签收，安全环保，有效避免快递纸质面单销毁不当带来的信息泄露隐患。

步骤四　认识售后服务

一、卖家售后服务应具备的意识

在某些时候，售后服务的质量比商品质量、包装都更重要，应具有以下意识：

1. 职业意识。不论是兼职还是全职的卖家，都必须具备职业道德，无论商品的利润大小，卖家也需要具备职业素养。

2. 换位思考意识。开微店的卖家，其中有一大部分也是买家，卖家往往在抱怨买家不理解自己的同时，应该想想自己作为买家的时候对商品或者对卖家的期待。

3. 服务意识。虽然卖家在微店里出售的是商品，但是买家购买时会根据附加值来考虑到底到谁家购买。开微店的卖家由于同类商品售卖非常多，这让买家有了更多的挑选空间。买家在购买商品时都会挑地点、挑价格、挑信誉，如果商品质量一样，唯一可比的就只能是服务了。若是没有好的服务，又如何吸引买家来你店里购买呢？切记服务第一。

4. 公关意识。前面说到卖家要具有危机意识，需要提前开始做售后服务。这里所谈的售后，不是指买家接到商品收货后的过程，而是指卖家发货之后的过程。当商品发出之后，经常会遇到各种问题，比如常见的物流问题，这时公关就显得尤为重要。对待不同的人要用不同的公关手法，不要因为在途中出现的失误让买家对你的商品产生怀疑。只要卖家用心多与买家沟通，总是能找到解决的办法。

二、售后服务的要点

1. 平时交流时要稳定客户情绪，不要起正面冲突，要用耐心、好态度，用理解和认同去与客户沟通。

2. 有分歧或者小错误时，要有积极主动处理的态度，可以和客户说明原因，让其理解你、支持你。

3. 对于老客户，要做好关怀，可以通过礼物、折扣、返利等来稳住客户，维护客户关系。

4. 有小摩擦时需转移话题，开心结束对话，期间主动联系客户，让客户看到自己的诚意。

三、微店售后服务的要点

1. 随时跟踪包裹去向。买家付款后要尽快发货并通知买家，货物寄出后要随时跟踪包裹去向，如有运输意外要尽快查明原因，并和买家解释说明。

2. 交易结束及时联系。货到后即时联系买家，首先询问对货品是否满意、有没有破损，如买家回答没有，就请买家确认并评价。这就是所说的“先发制人”，如果真的有什么问题，因为我们是主动询问的，也会缓和一下气氛，不致于“剑拔弩张”，更有利于解决问题。因为往往好多事情争取主动要比被动更易占“上风”，当然遇到“胡搅蛮缠”的买家则另当别论。

3. 认真对待退换货。货品寄出前最好要认真检查一遍，千万不要发出残次品，也不要发错货。如果因运输而造成货物损坏或其他确实是商品本身问题的买家要求退换货时，卖家也应痛快的答应买家要求，正所谓和气生财，说不定这个买家以后会成为你的忠实客户。

4. 不同买家不同备注。卖家应该好好地总结自己买家群体的特征，因为只有全面地了解到买家情况，才能确保你进的货正好是你的买家喜欢的物品，才能更好地发展网店生意。要建立买家的资料库，及时记录每个成交交易的买家的各种联系方式。

总结买家的背景至关重要，在和买家交易过程中了解买家的职业或者城市等其他的背景，能帮你总结不同的人群所适合的商品。购买能力很强的买家更要使其成为你的忠实买家。

5. 发展潜在忠实买家。当用户成为你的买家以后，他们将成为你自己的资产，你维护的好坏将直接影响他们以后会不会继续购买你的商品。忠实买家所产生的销售额通常能够达到一定比例。所以对于曾经购买过你的商品的买家除了做好第一次交易，更要做好后续的维护，让他们成为你的忠实顾客。

定期给买家发送有针对性、买家感兴趣的邮件和 QQ 消息，切忌不要太频繁，否则很可能被当作垃圾邮件。另外，宣传的商品绝对要有吸引力！

把忠实买家设定为你的 VIP 买家群体，在店铺内制定出相应的优惠政策，比如可以让他们享受新品优惠等等。定期回访客户，用打电话、QQ 或者 E-mail 的方式关怀客户，与他们建立良好的客户关系，同时也可以从他们那里得到很好的意见和建议。

6. 管理买家资料。随着信誉的增长，买家越来越多，管理买家资料就很重要了。除了买家的联系方式之外，还应记录这些信息：货物发出、到货时间；这个买家喜欢自己挑选还是别人推荐；买家的性格是“慢吞吞”还是“风驰电掣”；在价格或商品问题上是随意还是苛刻……

统计这些资料的作用有二：一是买家再次购买时可以用不同的方式与之沟通；二是可以积累实际经验，对新买家可以快速分类，从而应用相应的沟通技巧。

触类旁通

国际快递公司

一、UPS

UPS（联合包裹速递服务公司）是世界上最大的快递承运商与包裹递送公司，1907 年成立于美国，作为世界上最大的快递承运商与包裹递送公司，UPS 同时也是专业的运输、物流、资本与电子商务服务的领导性的提供者。精确的跟踪系统和快速的送达服务非常适合寄比较紧急的文件。其标识如图 7－19 所示。

图 7－19

二、DHL

DHL 国际快递是全球知名的邮递和物流集团 Deutsche Post DHL 旗下公司。DHL 的业务遍布全球 220 个国家和地区，是全球国际化程度最高的公司，在国内也有服务。其标识如图 7－20 所示。

图 7－20

三、EMS

各国邮政开办的特殊邮政业务，以高速度、高质量为用户传递紧急信函、文件等资料和物品。其标识如图 7－21 所示。

图 7－21

四、FedEx

联邦快递设有环球航空及陆运网络，通常只需要 1～2 个工作日，就能迅速运送时限紧迫的货件，而且确保准时送达。其标识如图 7－22 所示。

图 7－22

国际四大快递（UPS、DHL、FedEx、EMS）在全球各有优势，从中国出发，FedEx 和 UPS 的强项在美洲线路、日本线路，EMS 在欧洲和西亚、中东有绝对优势，DHL 则在日本、东南亚、澳洲有优势。这些优势也反映在他们的价格上，每一家的优势线路都要比另外三家便宜，而且十分有保障。

实战训练

现在何云亮团队已经学会了根据商品特性选择不同的包装材料，并寻找了圆通速递承接其微店的寄送包裹业务，此外还了解了售后服务对客户维护的重要性，请你根据实训要求和课堂的讲解，利用所掌握的知识帮何云亮团队进行物流业务的操作和售后关系的管理。

1. 打包大白钥匙扣；
2. 根据下表所示资料，填写快递单据；

收件人名字	地址	手机	邮编
张＊乐	浙江省温州市瑞安飞云小区＊＊＊＊＊	137＊＊＊＊7890	325000

3. 给分组的客户编辑节日祝福短信。

任务八　微店收入管理

【任务要点】

◆ 关 键 词：收入管理、支付方式

◆ 知识要求：熟悉微店收入管理的详细流程，理解担保交易和保证金的作用以及不同支付方式的流程

◆ 技能要求：掌握收入提现和支付方式设置的具体步骤

任务情境

“海之家”在小掌柜何云亮、沈明和李慧的悉心运营下，经过一个学期的艰苦奋斗，终于迎来了期末的收益结算，这个学期到底是亏本了呢，还是盈利了呢？小掌柜何云亮、沈明和李慧都很好奇，他们找来了“一职猫”学生创业平台会计部的老师，指导他们如何高效地运用平台技术，准确地做好微店的收入支出管理。

任务分析

事关金钱无小事，收入管理是微店管理极为重要的一项内容，何云亮创业小组认识到只有把资金账目管理得井井有条，才能清楚地掌握微店的利润、开支以及销售状况，从而为后面的经营制定出合理的规划。

任务实施

要做好微店的收入管理，需要进行以下几个方面的了解和实施。

一、了解“消费者保障计划”

“消费者保障计划”（以下简称“消保计划”）是微店针对买家所提供的一项购物保障服务。微店中的卖家可以根据个人意愿是否加入消保计划，为买家提供优质的购物安全服务。目前推出的消保计划类型有担保交易和保证金两种方式。

担保交易是一项保护买卖双方的消保计划，享受交易全额承保。可以有效解决交易中的信用问题，即买家担心付款后，收不到货物，而同时卖家也担心发出货物后，收不到钱。通过担保交易的方式，可以大大提高交易的成功率。

保证金属于不可用余额，当店铺余额不足时，用于发生订单维权退款时及时垫付给买家，提升客户消费体验。

二、操作账户资金提现

卖家通过微店卖出货品后，货款会自动存入账户。随着交易现金的增多和流动资金的需要，这个时候卖家就可以考虑把账户中的货款提现，将账户中的资金安全转移到银行卡中。

提现之前卖家需要添加提现银行卡，为了能及时知道是否提现成功，最好为银行卡开通手机短信提醒业务。这样资金到账后，就会及时收到资金变动信息。

三、熟悉支付方式

在商品经济高度发展的市场经济社会里，传统的支付方式已不能满足消费者的需求，人们对随时随地的支付结算、个性化支付结算的需求日益强烈。多样、方便和安全的支付方式不仅满足消费者的需求，还可以提高订单的成交率。微店一般提供微信支付、银行卡支付和货到付款等支付方式，顾客可以根据自己习惯的方式去选择其中的一种。

四、管理微店收入

卖家在微店上获得收入的方式主要是以下三个：

1. 顾客成功购买商城中的商品之后，店主从中赚取的利润。
2. 店主作为供货商，由分销商通过分销商品市场成功售出自己的商品赚取的利润。
3. 店主作为别人的分销商，支付供货商的商品成本价后的利润留存。

店铺的经营过程中，随着交易量的增多，想要更清晰地管理好每一笔收入和支出，需要准确地做好微店的收入支出管理。

步骤一　加入“消保计划”

经过一个学期的运营，何云亮团队知道想要让顾客放心地购买商品，除了商品质量好、服务态度好以外，也要利用平台的“消保计划”让顾客无后顾之忧，取得顾客的信任。

通过了解，开通“消保计划”之后，资金的结算流程为买家下单后，买家支付的货款转到平台，接下来商家发货，买家如七天内没有申请退款，则交易顺利完成，平台将结算货款至商家账户。这样的结算流程使顾客更有安全感，微店的“担保交易服务”不仅给顾客带来了安全感，同时也给商家提供了更多的客户资源。

1. 在“担保交易”页面显示了“担保交易”安全标识，让客户更有信任感；
2. 具有订单维权、全程消费保障双向保障；
3. 获得客户更多信任，支付交易微店担保既放心又安全；
4. 微店更多流量支持，活动入口优先供给，头条热门尽在其中；
5. 加入门槛低，无须冻结资金，结算周期自动维权处理。

一、开通微店担保交易和保证金

微店在开通之后，会给商家默认开通担保交易，在“交易设置”页面点击“担保交易”按钮即可查看开通情况（见图8－1、图8－2）。

交易设置
运费设置
减库存方式 付款减库存
自动确认收货时间 7天
担保交易 已开通
直接到账 未开通
货到付款 未开通
退货保障 未开通
同城配送 未开通

图 8－1 “交易设置”界面

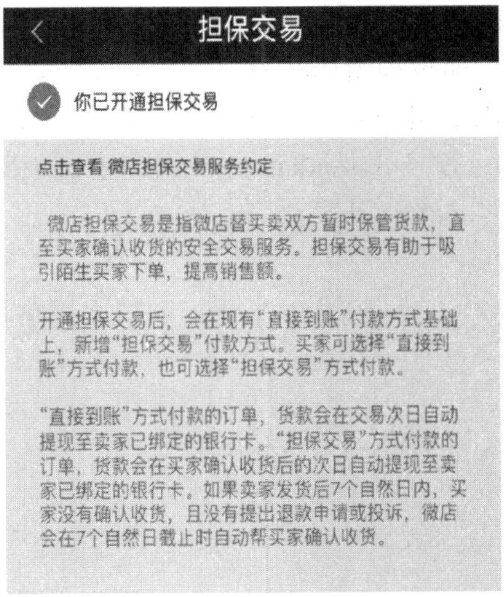
担保交易
你已开通担保交易
点击查看 微店担保交易服务约定
微店担保交易是指微店替买卖双方暂时保管货款，直至买家确认收货的安全交易服务。担保交易有助于吸引陌生买家下单，提高销售额。
开通担保交易后，会在现有“直接到账”付款方式基础上，新增“担保交易”付款方式。买家可选择“直接到账”方式付款，也可选择“担保交易”方式付款。
“直接到账”方式付款的订单，货款会在交易次日自动提现至卖家已绑定的银行卡。“担保交易”方式付款的订单，货款会在买家确认收货后的次日自动提现至卖家已绑定的银行卡。如果卖家发货后7个自然日内，买家没有确认收货，且没有提出退款申请或投诉，微店会在7个自然日截止时自动帮买家确认收货。

图 8－2 “担保交易”页面

微店虽然默认开通担保交易，但也可以由商家取消担保交易。需要商家将直接到账作为买家下单时的默认交易方式。

使用直接到账的默认交易方式需要满足以下条件：

1. 未开通“七天退货保障”：开通七天退货保障的店铺，订单默认交易方式只能是担保交易；

2. 店铺经营状态良好：订单量、评价、投诉率等满足条件；

3. 点击“直接到账”的按钮后即可开通（见图 8－3）：满足直接到账要求的用户可以在 APP 上打开之后进入“证件认证”界面（见图 8－4），按提示的步骤添加信息即可。

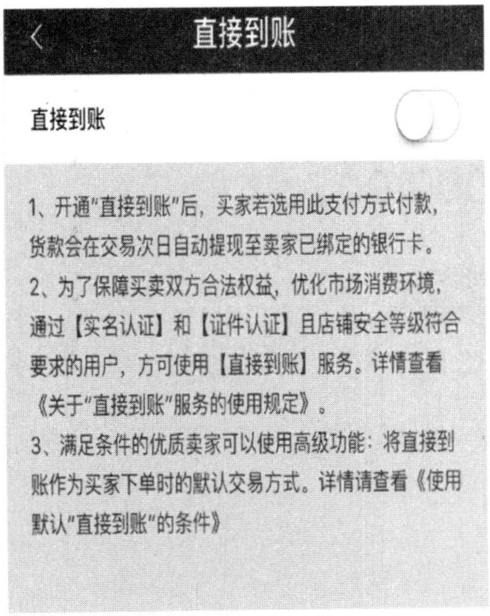
直接到账
直接到账
1、开通“直接到账”后，买家若选用此支付方式付款，货款会在交易次日自动提现至卖家已绑定的银行卡。
2、为了保障买卖双方合法权益，优化市场消费环境，通过【实名认证】和【证件认证】且店铺安全等级符合要求的用户，方可使用【直接到账】服务。详情查看《关于“直接到账”服务的使用规定》。
3、满足条件的优质卖家可以使用高级功能：将直接到账作为买家下单时的默认交易方式。详情请查看《使用默认“直接到账”的条件》

图 8－3 “直接到账”开通界面

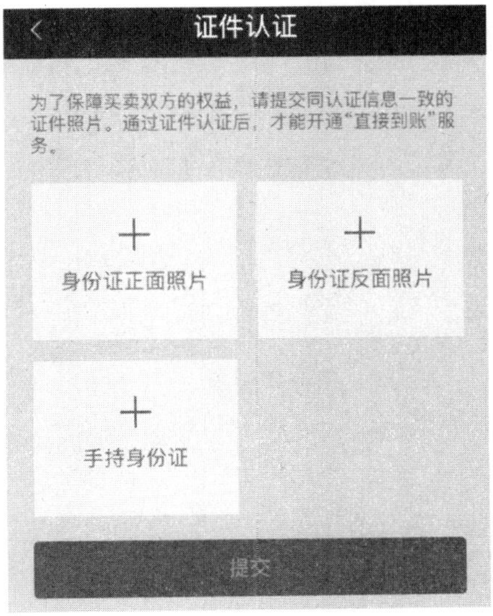
证件认证
为了保障买卖双方的权益，请提交同认证信息一致的证件照片。通过证件认证后，才能开通“直接到账”服务。
身份证正面照片
身份证反面照片
手持身份证
提交

图 8－4 “证件认证”界面

何云亮发现担保交易服务有很多好处，但是担保交易服务是默认开通的，想要店铺更有优势，他发现微店还有一项保证金保障服务。保证金保障是微店消费者保障体系的一部分，主要用于纠纷赔付，方便商家解决交易纠纷问题，是吸引新买家的重要方式。

1. 登录 d. weidian. com 微店手机版网页，点击“保证金保障”按钮，如图 8－5 所示。

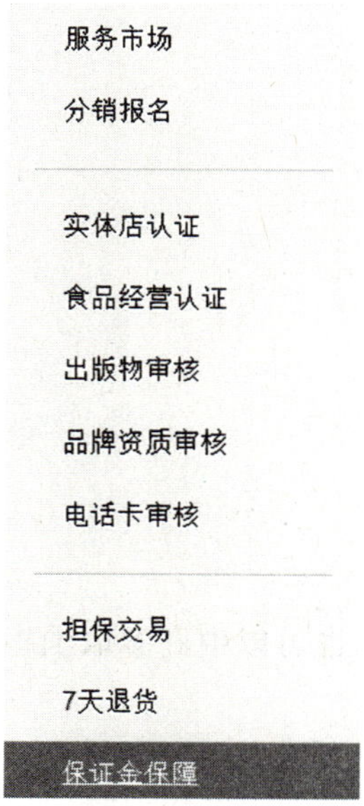

图 8－5　“微店后台”页面

2. 阅读协议，开通“保证金保障”，并支付保费，如图 8－6 所示。

图 8－6　“保证金支付”页面

二、开通有赞微商城担保交易和“消保计划”

（一）开通担保交易服务

对于有赞微商城，则在初次创建有赞店铺的时候，已经填写并签署了“担保交易服务协议”，如图 8－7 所示，因此已经默认开通了“担保交易服务”。

有赞.商家版
创建店铺
选择店铺
1.创建店铺
2.选择推荐模板
3.完成
店铺名称：
是买家直接看到的店铺的名字，认证后不可修改
主营商品：
店铺主营类目及类目细项，请点此查看详情
联系地址：
我已阅读并同意《有赞微商城代理销售服务和结算协议》、《担保交易服务协议》
创建店铺

图 8－7　开通“担保交易服务”

目前，有赞平台虽然创建店铺时默认开通“担保交易服务”，但是想要退出该项服务也是非常简单的。

1. 首先进入有赞平台的商家管理后台，点击“设置”选项中的“消费保障”按钮，进入“担保交易”页面，如图 8－8 所示。

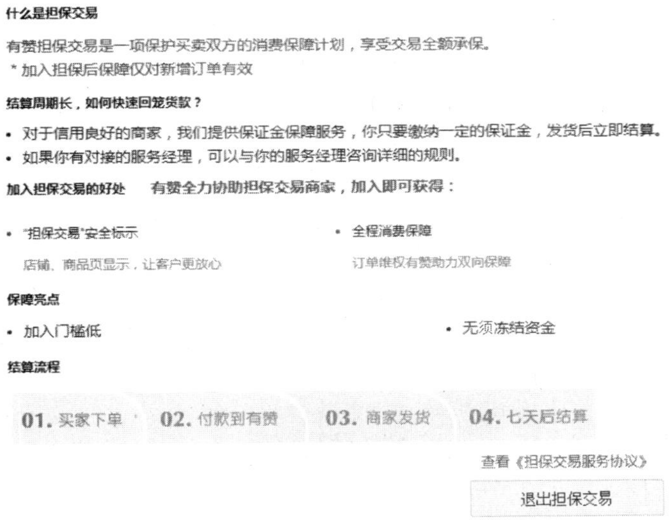
什么是担保交易
有赞担保交易是一项保护买卖双方的消费保障计划，享受交易全额承保。
* 加入担保后保障仅对新增订单有效
结算周期长，如何快速回笼货款？
• 对于信用良好的商家，我们提供保证金保障服务，你只要缴纳一定的保证金，发货后立即结算。
• 如果你有对接的服务经理，可以与你的服务经理咨询详细的规则。
加入担保交易的好处　有赞全力协助担保交易商家，加入即可获得：
• "担保交易"安全标示
店铺、商品页显示，让客户更放心
• 全程消费保障
订单维权有赞助力双向保障
保障亮点
• 加入门槛低
• 无须冻结资金
结算流程
01. 买家下单
02. 付款到有赞
03. 商家发货
04. 七天后结算
查看《担保交易服务协议》
退出担保交易

图 8－8　“担保交易”页面

2. 点击图 8－8 中“退出担保交易”按钮，打开如图 8－9 所示页面。在页面中选择退出的理由并确认提交，这样就可以成功退出担保交易了。

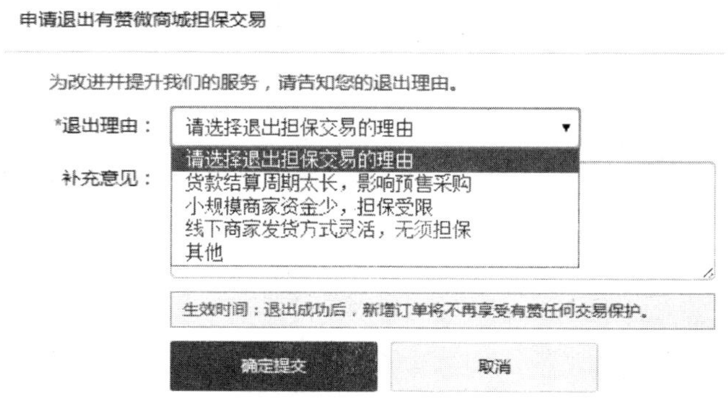

图 8-9 “退出担保交易”页面

3. 退出之后想要重新加入的步骤也非常简单，只要在店铺设置的“担保交易”页面点击“立即加入”按钮即可。

（二）开通保证金保障服务的方式

何云亮发现有赞担保交易服务虽然可以带来吸引消费者的作用，但是货款结算需要七天时间。如果想要发货后立即结算货款，则需要开通保证金保障服务，开通此项服务缴纳保证金后，不仅能享受担保交易的全部权益，还能获得快速结算服务。

1. 首先进入平台的商家管理后台，点击“设置”选项中的“消费保障”按钮，找到页面中“保证金”按钮并点击，进入“保证金”页面，如图 8-10 所示。

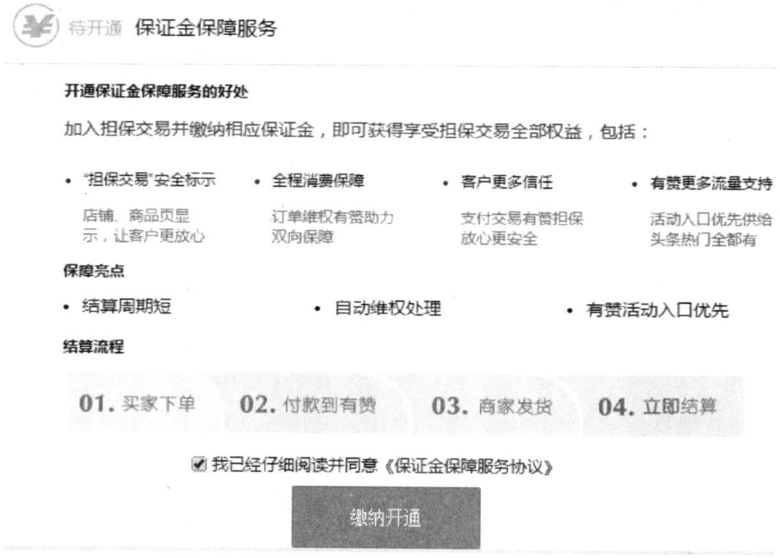

图 8-10 “保证金”页面

2. 在“保证金”页面中点击“缴纳开通”按钮，进入“缴纳保证金”页面，如图 8-11 所示，店铺余额大于保证金要求的金额即可确认开通，如果店铺余额不足需要充值或转账并上传缴纳凭证即可确认开通。

图 8－11 “缴纳保证金”页面

“消保计划”可以得到顾客的支持和信任，也可以间接拉动商品出售的概率，可以实现商家和顾客的双方共赢。通过开通担保交易和缴纳保证金，“海之家”店铺也成功加入了“消费者保障计划”。

知识加油站

保证金的一些事儿

目前有赞商城仅有消费保障计划保证金一项保证金项目。

保证金并不是向有赞付费，是可退回的，其作为不可用余额冻结在店铺账户中，用作担保，在“店铺后台”/“资产”/“不可用余额”处可查到明细记录。

一、缴纳条件

企业认证的店铺，认证类型包括旗舰/专卖/直营/专营/公益的店铺，可选择申请官字店认证，或者通过经营店铺，提升店铺成交订单数和成交金额，以达到可缴纳保证金的标准。有赞系统根据大数据判断，达标后，开通的“申请保证金”请求会自动激活。对于通过刷单达标的商家，在申请审核时，会被有赞拒绝。

二、有赞保证金项目（见表 8－1）

表 8－1　　有赞保证金项目

项目名称	金额	备注	开通路径
消费保障计划保证金	5 000 元	保证金作为不可用余额冻结，通过“店铺后台”/“订单/收入提现”可查明细记录，在申请退出“消保计划”后可解冻提现 用途：当店铺余额不足时，用于发生订单维权退款时及时垫付给买家，提升客户消费体验（供货商必须缴纳此保证金） 缴纳此保证金后，订单发货后即可提现，无须等待 T＋7 天	“微商城店铺后台”/“设置”/“店铺设置”/“保证金”即可缴纳保证金 可使用店铺余额支付，也可转账缴纳后上传凭证，如转账会在 5 个工作日内审核完毕

作为普通的有赞商家版商家（包括普通商家与供应商），自己经营店铺，是不要求缴纳上述保证金的。商家根据自身情况可以自由选择是否缴纳消费保障计划保证金开通保证金保障服务。开通的作用是订单发货后订单金额即入账可提现，无须等待 T+7 天，订单结算周期更快，便于资金流转。

而普通商家若想成为有赞供应商让商品进入分销商品市场流通，则须缴纳消费保障计划保证金，才能开通供应商功能。供应商的分销订单（包括分销市场订单和全员店订单），结算时间为发货后 7 天，这是为了保证分销商品市场商品质量、供应商服务质量，维护有赞供应商平台的正常运营秩序，让供应商平台能够健康快速地可持续发展，这样平台才能更好地为供应商开展移动分销业务提供支撑。

步骤二　提取账户资金

经过一个学期的艰苦奋斗，“海之家”店铺的账户资金也有了一定的金额，现在何云亮团队的三个人想要把账户的金额进行提现，要如何操作呢？参考如下内容：

一、微店账户提现

微店账户提现首先要添加银行卡，然后可以将余额提现到银行卡中。

1. 打开微店 app，点击“订单和收入”按钮（见图 8－12）进入“订单管理”界面（见图 8－13）。

图 8－12　微店主界面

图 8－13　“订单管理”界面

2. 在“订单管理”界面，点击“我的收入”按钮，在“我的收入”界面（见图 8－14）点击“我的银行卡”按钮进入“我的银行卡”界面（见图 8－15），填写真实姓名、银行卡号、开户银行等信息完成银行卡的添加。

图 8－14 “我的收入”界面

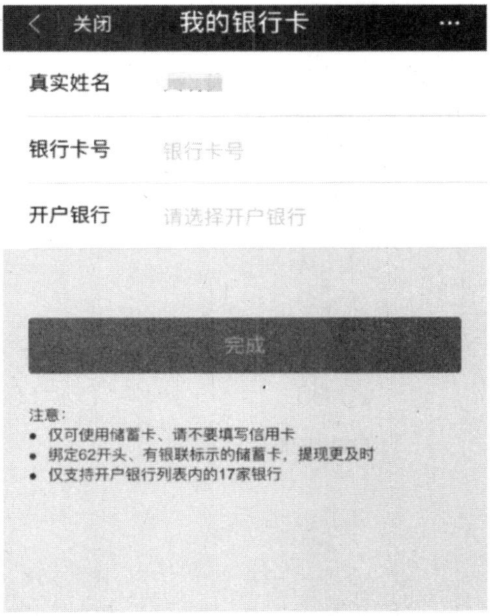

图 8－15 “我的银行卡”界面

3. 在“我的收入”界面（见图 8－16）可点击“可提现”按钮进入“可提现”界面（见图 8－17），点击“提现”按钮即可完成提现。如果商家想要自动提现，可以点击“切换自动提现”按钮。

图 8－16 “我的收入”界面

图 8－17 “可提现”界面

二、有赞微商城账户提现

有赞平台的资金提现需要先通过店铺认证后，才可以申请提现。

（一）完成店铺认证

1. 进入店铺后台，点击“资产”按钮，选择“我的收入”选项，进入“后台提现”页面，如图 8－18 所示。

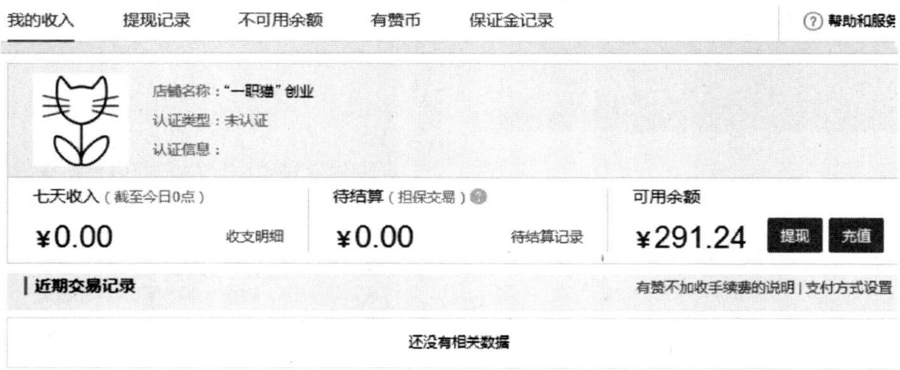

图 8－18 “后台提现”页面

2. 在可用余额区域点击淡蓝色的“提现”按钮，后台会弹出认证提醒，点击“提交认证”按钮进入认证页面，如图 8－19 所示。

图 8－19 店铺认证页面

有赞的店铺认证可分为三类：个人认证、企业认证和公益组织认证。个人认证主要适用于个人经营。它的特点是开通速度快，只需要根据微信提示支付相应金额就可以快速审核；

企业认证则适用于公司经营，这种认证要上传营业执照和法人身份证等资料，还要通过有赞内部工作人员的人工审核；而公益组织认证则是致力于社会公益事业和解决各种公益性问题的公益组织类型的认证。

何云亮团队考虑到店铺的实际情况，选择了个人认证，并填写了个人信息，包括：真实姓名、身份证号码、绑定手机收到的短信验证码等信息。店铺认证的审核一般在提交申请后一个工作日内完成审核，店铺通过认证后，可用余额区域点淡蓝色的“提现”按钮就变成了蓝色。需要知道的是店铺认证有 1 次修改认证类型的机会，个人认证店铺，后期可更正为企业认证。

（二）添加提现银行卡

在成功通过有赞平台的店铺认证之后，进入店铺后台，点击“资产”按钮，选择“我的收入”选项，进入“后台提现页面”，点击“提现”按钮，进入“设置提现账号”页面，如图 8－20 所示。有赞平台可提现的方式有两种：一种是个人银行借记卡的对私银行账户；另一种是公司银行卡的对公银行账户。何云亮团队选择适合自己的对私银行账户方式，准确填写开户银行、银行卡卡号、开卡人姓名及绑定手机收到的短信验证码等信息并保存。

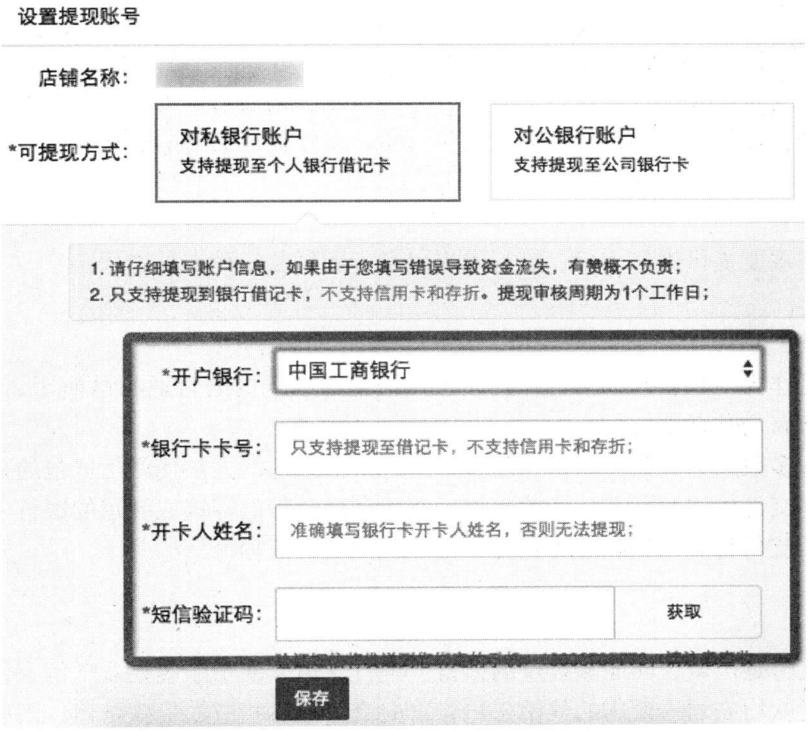
设置提现账号
店铺名称：
*可提现方式：
对私银行账户
支持提现至个人银行借记卡
对公银行账户
支持提现至公司银行卡
1. 请仔细填写账户信息，如果由于您填写错误导致资金流失，有赞概不负责；
2. 只支持提现到银行借记卡，不支持信用卡和存折。提现审核周期为1个工作日；
*开户银行：
中国工商银行
*银行卡卡号：
只支持提现至借记卡，不支持信用卡和存折；
*开卡人姓名：
准确填写银行卡开卡人姓名，否则无法提现；
*短信验证码：
获取
保存

图 8－20 “设置提现账号”页面

除了添加银行卡，也可以直接编辑已有的卡号信息，如图 8－21 所示。

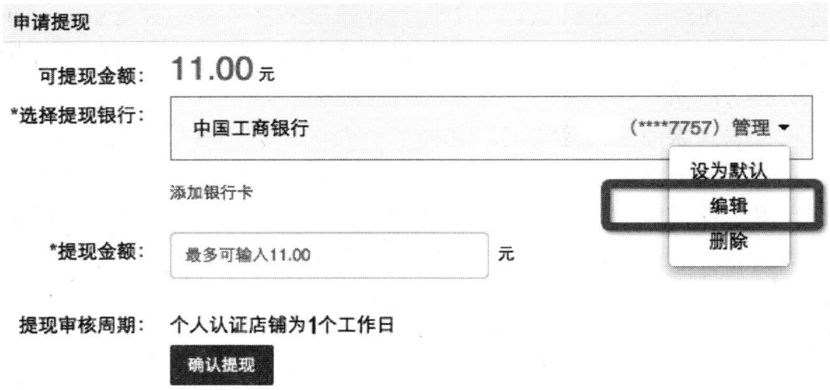

图 8－21　编辑已有提现银行卡信息

何云亮团队通过店铺认证和添加银行卡之后，就可以在店铺后台点击“资产”按钮提取店铺的货款了。

步骤三　设置支付方式

“一职猫”学生创业平台会计部的老师告诉何云亮团队的三位同学，不同的顾客有不同的支付需求，支付货款不仅是顾客的事情，作为商家，也要清楚地了解平台的支付方式和设置方法，以便可以协助顾客快捷准确地支付订单，最终促成交易的完成。

一、微店

目前微店主要提供微信支付、银行卡支付和货到付款三种支付方式。

（一）微信支付

微信支付作为一种新兴的支付工具，由腾讯集团旗下的财付通与微信于 2013 年 8 月联合发布，强势布局移动端支付。

现在绝大多数的顾客都有微信账号，且因为微信红包的火热使微信钱包的普及率也非常高。顾客在提交订单之后，选择微信支付，然后利用微信的零钱或绑定的银行卡即可完成支付。使用微信支付将可以让顾客更快捷方便地完成支付流程。

（二）银行卡支付

银行卡支付是由微店向商家提供的银行卡进行支付，便于顾客在非微信支付方式下进行支付，所有货款均先划入微店的代销账户，再向商家提供相应的货款结算。微店的银行卡支付包括信用卡支付和储蓄卡支付。

顾客在提交订单之后，选择信用卡/储蓄卡支付，再填写信用卡/储蓄卡的相关信息，其中信用卡信息包括：银行卡号、有效期、安全码以及手机号码等；储蓄卡信息包括：银行卡号、姓名、身份证号以及手机号等。然后点击“下一步”按钮。几秒钟后，顾客的手机就会收到验证码信息。输入验证码，点击“完成”按钮，即可完成支付结算。

（三）货到付款

货到付款又称为送货上门，顾客选择货到付款方式下单，商家需自行通过合作快递安排配送。顾客开箱验货无误后，快递公司向顾客收款并与商家结算费用。期间微商不参与配送和货款代收服务。

在微店中，支付方式是在“交易设置”界面进行设置的，如图 8－22 所示。

图 8－22 “交易设置”界面（微店）

二、有赞微商城

有赞除了微店提供的三种支付方式外，还支持支付宝支付的方式。卖家在“支付/交易”界面启用支付宝后，买家可使用支付宝进行付款。货款将先进入卖家的有赞店铺账户余额，之后卖家可以随时申请提现。

由于支付宝无法在微信的购物环境中使用，目前启用支付宝将不在前述的微店 APP 内提供支付入口。

顾客在提交订单之后，选择支付宝支付，移动端如果安装了手机支付宝，则会自动启动支付宝进行支付结算。

在有赞微商城中，支付方式是在“支付/交易”界面进行设置的，如图 8－23 所示。

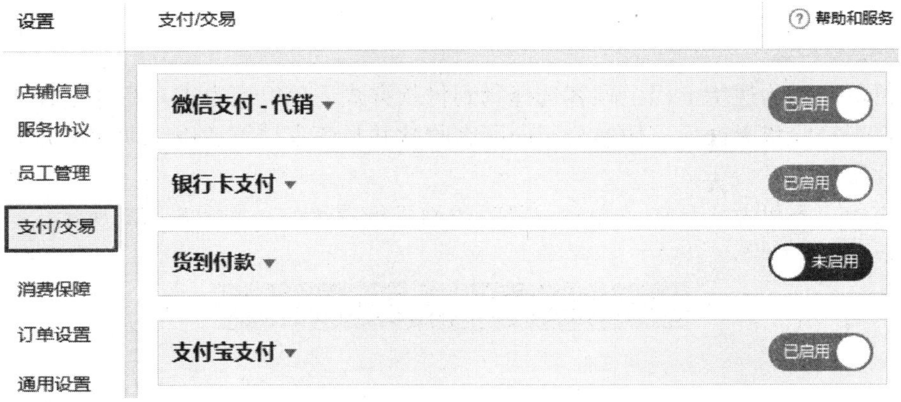

图 8－23　“支付/交易”界面（有赞微商城）

知识加油站

有赞微商城交易手续费

每笔经过有赞商家版的交易，都会产生一定的基础成本。其中，包括消费者支付时不同第三方支付公司向有赞收取的“支付手续费”、商户提现时银行向有赞收取的“结算手续费”，以及有赞的系统运营维护和服务器费用，这些费用综合起来接近于每笔交易金额的 2%。

商城店铺产生的普通订单，商家只需承担微信、支付宝、银行机构等“支付通道商”收取的 0.6% 的交易手续费，有赞不加收手续费。

分销商分销订单，订单手续费全额补贴，供货商分销订单需缴纳 1% 的平台服务费（交易服务费）。图 8－24 为有赞商家版交易补贴计划。

有赞微商城　交易手续费

交易类型	货到付款	微信支付自有	微信支付代销	支付宝付款	银行卡付款
交易手续费	0	0.6%	0.6%		
缴纳方式	—	微信通过微信商户平台直接向商家收取，有赞不经手	手续费由微信支付、支付宝、银行机构等支付通道商收取；有赞端不加收手续费。		

有赞供货商　平台服务费（向供货商加收1%）

供货商通过“有赞供货商”平台（含全员开店）获得的分销商下达的采购单，
按照采购单金额向供货商加收1%平台服务费。

自2016年10月1日0点开始实行，每个商家的有赞微商城店铺在服务期内均有效。

交易类型说明：
a.货到付款：非网上支付，消费者收到货品后当面付款；
b.微信支付自有：商家前往微信申请自己的收款账户，并自行在微信商户平台提现至对公账户；
c.微信支付代销/支付宝付款/银行卡付款：通过有赞的微信支付代销、支付宝付款、储蓄卡付款、信用卡付款或供货商端分销单等方式代收货款（有赞代理销售），商家再从有赞结算货款。

目前，微信支付、支付宝、银行机构的交易费率为0.6%，如有变动以“支付通道商”官网公示为准。

图 8－24　有赞商家版交易补贴计划

步骤四　管理店铺收入

小掌柜们何云亮、沈明和李慧在老师的指导下，知道了想要运用平台技术，准确做好微店的收入支出管理，首先需要学会了解和查看微店为商家开设的微店收入与提现功能。

一、管理微店收入

微店收入详情包括五项内容：可提现、交易中、已提现、我的银行卡、收支明细，如图 8－25 所示。

图 8－25　“我的收入”界面

（一）可提现

可提现（见图 8－26）是指交易完成并结算到商家账户余额的钱，这部分钱可以在 1～2 个工作日内提现到银行卡。目前微店提供自动提现和手动提现两种方式。自动提现是为了让可提现金额第一时间提现到商家的银行卡，商家的可提现金额将在 1～2 个工作日内自动提现至商家账户绑定的银行卡，也是属于微店的默认提现方式；手动提现需要商家人工操作，提现成功后 1～2 个工作日内提现到商家账户绑定的银行卡。

图 8－26　“可提现”界面

微店目前每天最多可提现 3 次，每次提现金额不能超过 50 万元，每次提现金额不能小于 1 元。

（二）交易中

交易中是指交易未完成，或者交易完成但还未结算到商家账户余额的钱，一般订单完成后延迟一天结算（见图 8－27）。

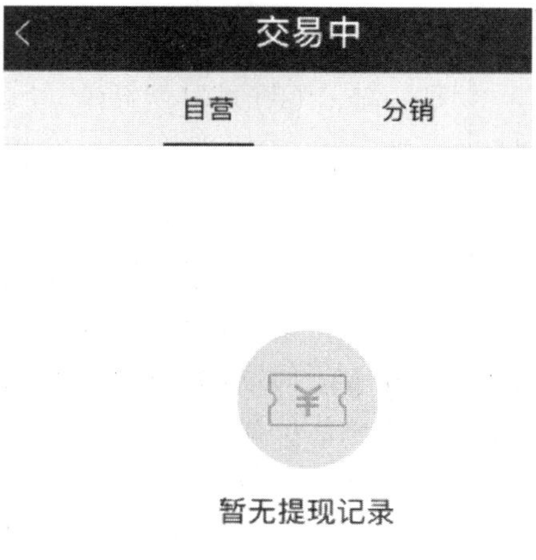

图 8－27　“交易中”界面

（三）已提现

已提现（见图8－28）是指已经提现商家银行卡的金额，进入“已提现”界面可以查看提现记录。

图8－28 “已提现”界面

（四）我的银行卡

在“我的银行卡”界面（见图8－29）可以查看商家已经绑定的银行卡信息，也可以点击“更换银行卡”按钮输入银行卡信息更换新的银行卡。

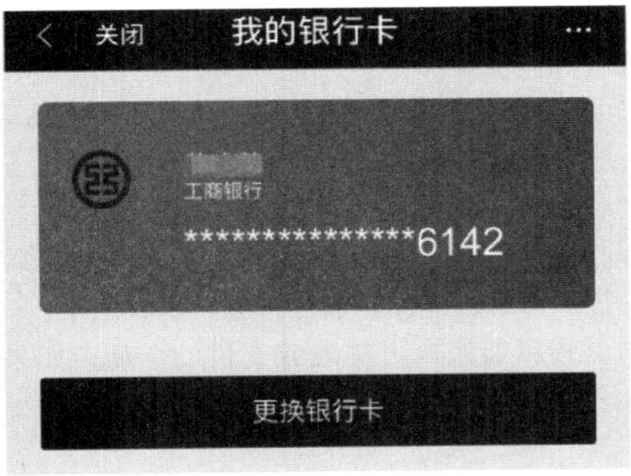

图8－29 “我的银行卡”界面

（五）收支明细

收支明细的内容（见图8－30）包括全部、收入、支出、冻结/解冻等信息。通过查看收支明细，可以清楚每一项资金的收入和支出。在收支明细页面，如果想要查看某一条记录的详细信息，单击“记录内容”即可（见图 8－31）。

图 8－30 “收支明细”界面

图 8－31 记录详细信息

二、管理有赞微商城收入

有赞微商城收入详情包括五项内容：我的收入、交易记录、对账单、提现记录和不可用余额。

（一）我的收入

首先，从“我的收入”中，商家可以看到店铺认证状态，包括：店铺名称、认证类型以及认证信息；还可以了解到“7 天收入的金额”“待结算的金额”“可用余额的金额”“近期交易记录”以及进行提现和充值操作。

在店铺认证状态不仅可以看到店铺认证信息，还可以将个人认证类型升级到企业认证。

“7 天收入的金额”，是指查看当天 0 点起的 7 天的收入统计，只统计已经完成结算的金额，不包括已发货但未交易成功的金额。

“待结算的金额”，是指商家开通了担保交易，顾客下单支付后的货款暂时冻结在有赞账户的金额。等待商家发货 7 天后，这部分金额将会转到收入中。

“可用余额的金额”，是指目前账户可提现或支付的金额，如果可用余额不够可以通过充值增加。

（二）交易记录

交易记录是指通过有赞微商城“微信支付—代销”“储蓄卡支付”“信用卡支付”的商品订单，包括进行中的订单、退款的订单、成功的订单和失败的订单，如图 8－32 所示。在交易记录页面，商家可以通过时间、单号和交易状态进行筛选，如果想要查看某一条记录的详细信息，点击查看即可。

图 8－32　有赞微商城交易记录

（三）对账单

对账单的内容包括账单汇总和账单明细，其中账单明细包括订单入账、提现、返现、返回、退款、交易手续费、交易补贴、系统退款等信息。通过查看账单明细，可以清楚每一项资金的收入和支出，如图 8－33 所示。在收支明细页面，商家可以通过订单号、起止时间和收支类型进行筛选，还可以对查询到的信息进行导出，如果想要查看某一条记录的详细信息，点击详情即可。

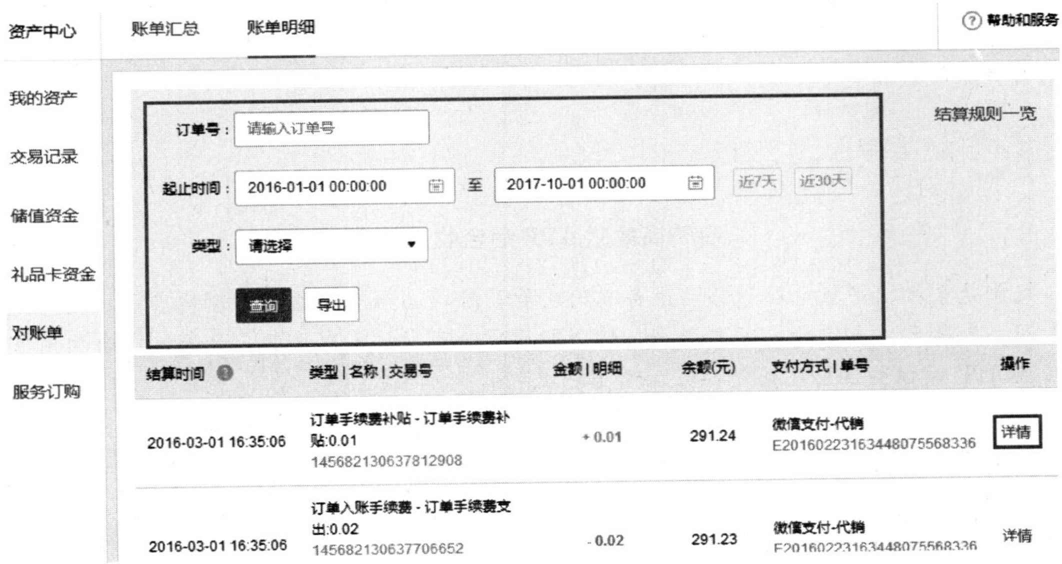

图 8－33　“账单明细”页面

（四）提现记录

提现记录显示的是商家对可用余额进行的每笔提现的具体信息和提现状态，包括申请时间、提现银行、提现金额、处理完成时间、状态以及申请人，如图 8－34 所示。在提现记录页面，商家可以通过起止时间和提现状态进行查询。有赞微商城提现到账时间包括：T＋1（T＝提现日 18：00 前）正常工作日，隔天到账，节假日顺延，可自行选择。

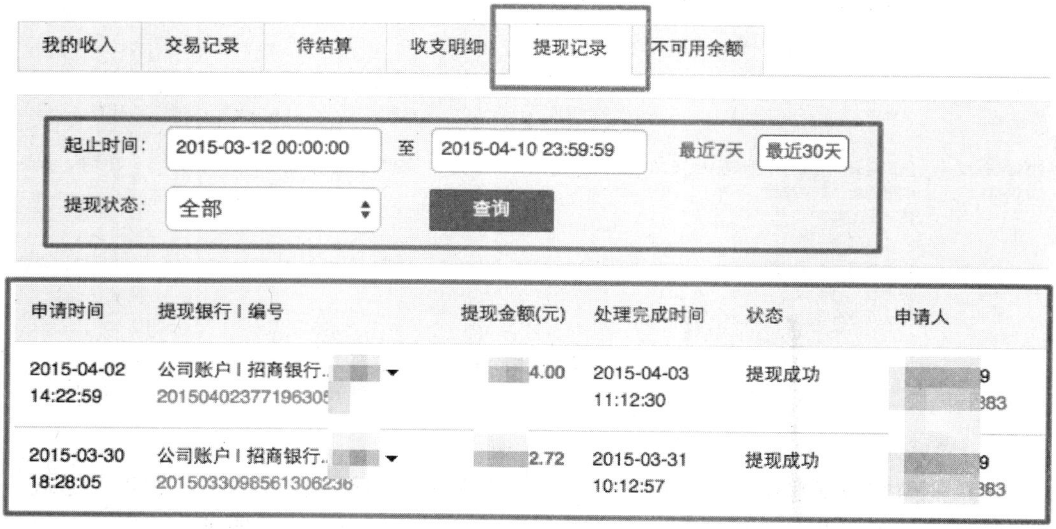

图 8－34 “提现记录”页面

（五）不可用余额

不可用余额中会根据不同的业务需求，展示当时正在发生转账的资金记录，包括：“提现中”“退款中”“返现中”“结算中”等状态。成功后不再显示，失败后资金会退回到商家的有赞账户余额。

触类旁通

有赞商家版 APP 后台收入管理

目前是手机、平板电脑等移动设备飞速发展的阶段，很多人已经习惯抱着手机随时随地或上网，或聊天，或购物，不亦说乎。作为微商城的商家，也应该顺应潮流，学会利用有赞商家版 APP 时刻关注自己店铺的收入支出状况。

1. 打开手机中的应用市场，搜索“有赞商家版”并下载安装（见图 8－35）

2. 打开桌面下载好的有赞商家版 APP（见图 8－36）。

3. 登录商家账户，即可在首页看到近 30 天的收入金额，如图 8－37 所示。

4. 想要了解店铺更多收支信息，可以进入“店铺营收”页面，如图 8－38 所示。在该页面中可以查看日均营收金额、账户可用余额、待结算金额、不可用金额，也可以点击“提现”按钮进行提现操作，点击“交易记录”按钮查看交易记录明细，还可以点击“发票管理”按钮进行发票索取和发票记录查看。

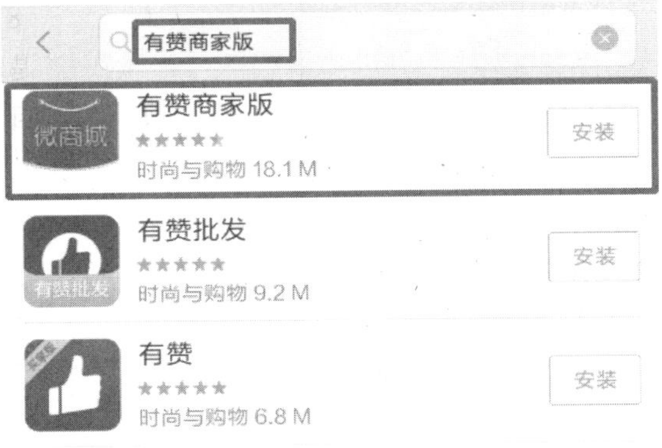

图 8－35　有赞商家版下载页面

图 8－36　打开有赞商家版 APP

图 8－37　查看收入金额

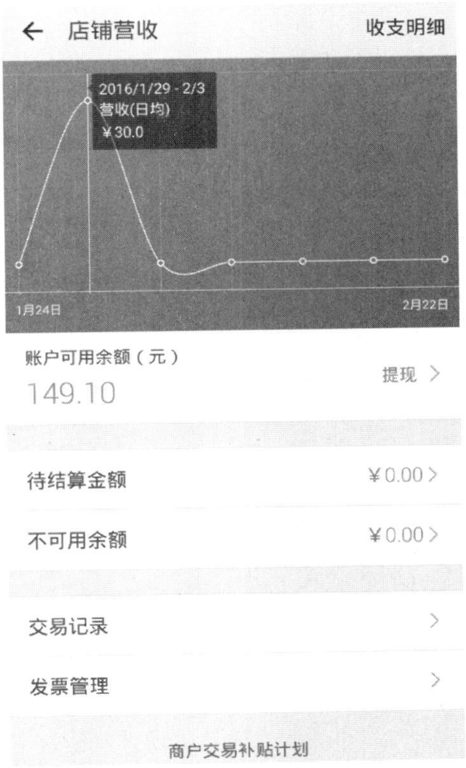

图 8－38　“店铺营收”页面

实战训练

现在何云亮团队已经了解了微店的收入和支出管理，请你根据实训要求和课堂的讲解，利用所掌握的知识帮助何云亮团队进行期末结算。

1. 设置担保交易和支付方式；
2. 将微店盈利资金取现至银行卡里；
3. 查看店铺的交易记录和收支明细。